한동일의 믿음 수업

한동일의 믿음 수업

초판 1쇄 발행 2021년 9월 30일
개정 1쇄 발행 2024년 10월 25일

지은이 한동일
펴낸이 유정연

이사 김귀분
기획편집 신성식 조현주 유리슬아 서옥수 황서연 정유진 **디자인** 안수진 기경란
마케팅 반지영 박중혁 하유정 **제작** 임정호 **경영지원** 박소영

펴낸곳 흐름출판(주) **출판등록** 제313-2003-199호(2003년 5월 28일)
주소 서울시 마포구 월드컵북로5길 48-9(서교동)
전화 (02)325-4944 **팩스** (02)325-4945 **이메일** book@hbooks.co.kr
홈페이지 http://www.hbooks.co.kr **블로그** blog.naver.com/nextwave7
출력·인쇄·제본 (주)상지사 **용지** 월드페이퍼(주) **후가공** (주)이지앤비(특허 제10-1081185호)

ISBN 978-89-6596-663-0 03100

이 책에 실린 도판의 대부분은 저자가 직접 촬영한 사진이며,
그 외 도판들은 Shutterstock.com과 사진 저작물 이용 협의를 거쳤습니다.

자유롭고 함께하는 삶을 위한

De

한동일의
믿음 수업

Fidei

Lectio

흐름출판

일러두기

• 본문에 인용된 성서는 신구교가 함께 번역한《공동번역 성서》(대한성서공회, 2001) 개
정판입니다.
• 본문의 라틴어 발음은 로마식 발음을 따랐으며, 필요에 따라 고전 발음을 사용하기
도 했습니다. 표기는 외래어 표기법을 기준으로 했습니다.
• 책 뒤에는 본문에 다 담지 못한 내용을 추려 '믿는 인간 깊이 읽기'로 묶어 넣었습
니다.

당신이 원하는 대로 살 수 있는 권리를

낡거나 작은, 맞지 않는 옷

2023년 가을, 코로나19 팬데믹 이후 오랜만에 로마를 방문했습니다. 교황청 성직자성 장관 유흥식 추기경님의 집무실 옆에 있는 접견실 창문 밖으로 긴 줄이 보였습니다. 바티칸 대성당으로 입장하기 위해 늘어선 사람들이었죠. 그분들을 보면서 '보편universitas'과 '세계mundus'라는 두 개의 개념을 생각해 보았습니다.

보편은 가톨릭교회가 강조하는 개념입니다. '가톨릭'이란 뜻 자체가 '보편적'이라는 뜻입니다(가톨릭이라는 단어는 그리스어 καθολικός에서 유래했습니다. 보편 또는 전반적인란 뜻을 가지고 있다). 그래서 때로는 보편이라는 말 자체가 '교회'를 의미하기도 했습니다.

반면 개신교는 자유와 개인이라는 개념을 강조합니다. 과거 교회사를 거슬러 올라가다 보면 서양사는 교회사 그 자체라고 할 만큼 교회 자체가 세계, 세상이었던 적이 있습니다. 이때는 보편이 세계와 같거나 더 컸던 시기였습니다. 그런데 어느 순간부터 보편이 세계 안에 어느 한 부분으로 자리 잡기 시작했습니다. 이를 교회 관계자들은 세속주의와 개인주의 영향으로 설명합니다. 그러면서 '세상 안에 있는 교회'를 말하기 시작했습니다.

보편(교회) = 세계

중세

세계   보편(교회)

근대

그렇다면 오늘의 보편과 세계의 관계는 어떨까요?

그날 제가 추기경의 접견실에서 바티칸 광장과 대성당의 모습을 통해 본 보편과 세계는, 세계에 풍선처럼 매달려 있는 보편입니다. 풍선의 끈이 끊어지면 언제든 멀리 날아갈 것만 같은.

머릿속에 이런 그림을 그리고 있을 때 추기경님이 일을 마치고 집무실에서 오셨습니다. 그와 함께 뜨거운 햇볕을 받으며 로타 로마나로 산책 삼아 걸었지요. 그리고 찾아간 교황청 대법원장실에서 저는 뜻밖의 제안을 받았습니다. 대법원장님은 저에게 대법

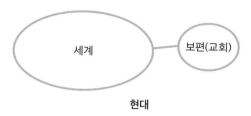

현대

원에서 판결문을 써 달라고 하셨습니다. 그 말씀에 이런 일이 나에게도 일어날 수 있구나 싶었습니다. 제가 결심만 하면 그토록 가고 싶었던 위치와 자리에 갈 수 있는 기회가 온 것입니다. 그런데 마음은 이상하리만큼 조금도 동요하지 않았습니다. 참으로 신기했습니다.

대법원장실을 나온 뒤에 저는 대법원에서 판결문을 쓰는 게 무슨 의미가 있을까 생각했습니다. 누가 더 세련되고 아름다운 라틴어를 구사하는가? 누가 더 명쾌하고 새로운 법리적 해석을 하는가? 사실 이전의 저는 이런 것에 관심이 많았습니다. 또 잘하고 싶었습니다.

하지만 사제직을 내려놓고 세상 속으로 들어와서 보니 교회법이 규정하는 내용은 먼 나라 이야기, 별세상처럼 느껴졌습니다. 세상은 이렇게 복잡하고 커졌는데 교회가 만든 옷은 너무 작아 꽉 끼어서 다시 입을 수 없는 옷과 같았습니다. 저는 교회 밖에서 자유를 보았습니다. 그리고 보편일 수 없는 수많은 개인을 보았습니다.

내 안에 있는 유다

그렇게 바티칸 일정을 마치고 귀국한 뒤, 텅 빈 집에 흐르는 정적 속에서 제 선택에 대해 다시 생각했습니다. 이것이 궁극의 내 선택이고 몫인가에 대해서 말이죠. 사람을 그리워하지만 정작 사람이 다가오면 어려워하고 불편해하는 나. 이런 소극적이고 소심한 성격을 가진 사람이 보편과 세계, '세계 시민의 정신'을 말하고 있습니다. 더 나아가 세계시민의 정신에 이르기 위해 필요한 것은 무엇일까를 곰곰이 생각해 봅니다.

그런데 생각지도 못하게, 세계정신을 살펴보고자 했던 곳에서 보이는 것은 내 안의 실패뿐이었습니다. 그 실패를 통해 성경 속 가장 실패한 인물로 묘사되는 유다를 떠올렸습니다. 성경 속 인물은 무수히 많지만 그 가운데 예수를 배반한 유다만큼 회자되는 인물은 드물 것입니다. 그리스도교와 서구 문화에서 유다는 세대를 통틀어 최고의 악인으로 묘사됩니다.

가령 알리기에리 단테의 『신곡』 3편 중 1편인 〈지옥 편〉에는

9단계의 층으로 이루어진 지옥이 있습니다. 화자인 단테는 로마의 시인 베르길리우스의 안내로 지옥을 둘러보는데, 아래층으로 내려갈수록 사람들이 더 극심한 고통을 받는 광경을 목격합니다. 그 지옥의 마지막 층에는 배신자들이 머무는 지옥이 나옵니다. 단테는 지옥의 가장 밑바닥 '주데카Judeca'에서 은혜를 배신한 영혼들이 머리 셋 달린 루시퍼에게 참혹하게 벌 받고 있는 모습을 그립니다. 루시퍼는 하반신이 얼음에 파묻힌 채로 죄인 세 명을 뜯어 먹습니다. 그 세 사람은 바로 율리우스 카이사르(캐사르)를 죽인 공모자 브루투스와 카시우스, 그리고 유다입니다.

> 저기 위에서 가장 큰 형벌을 받는 영혼이 가리옷 사람 유다인데,
> 머리는 입안에 있고, 다리는 밖에 나와 있다.
> 머리가 아래로 처박힌 다른 두 놈 중 검은 얼굴에 매달린 놈은
> 브루투스인데,
> 보아라, 말도 없이 몸을 비틀고 있구나.
> 좀 더 건장해 보이는 놈이 카시우스이다.*

---

* 알리기에리 단테, 김운찬 옮김, 『신곡』〈지옥 편〉, 열린책들 2021, 34편 60-63, 283쪽 인용.

문헌에서 유다를 그리는 방식은 크게 세기의 배신자, 악인 중 악인으로 묘사하거나 역사의 희생양으로 설명하기도 합니다. 특히 문학에서 유다의 모습은 더 처참하고 악의적으로 묘사됩니다. 앞서 단테의 『신곡』〈지옥편〉에서 묘사한 지옥의 가장 밑바닥 '주데카Judeca'는 유다의 이름을 따서 지은 것입니다. 여기엔 유다와 유대인을 연관 지어 예수를 죽인 종족이기에 벌을 받아 마땅하다는 의식이 깔려 있고, 이런 유대인에 대한 차별과 박해는 서구 그리스도교 역사, 그리고 교회사에 깊이 이어져 왔습니다.

1965년 10월 28일 선언된 제2차 바티칸 공의회의 〈비그리스도교와 교회의 관계에 대한 선언〉에서는 이런 차별 의식에 대해 다음과 같이 언급합니다. "유다인 지도자들과 그 추종자들이 그리스도의 죽음을 강요하였지만, 당시에 살고 있던 모든 유다인에게 그리스도 수난의 책임을 차별 없이 지우거나 오늘날의 유다인들에게 물을 수는 없는 일이다. (중략) 유다인들을 하느님께 버림받고 저주받은 백성인 것처럼 표현해서는 안 된다. (중략) 언제 누가 자행하든 유다인들에 대한 온갖 박해와 증오와 반유다주의 시위를 통탄한다."*라고 밝힙니다. 이는 로마 가톨릭교회가 자행해 왔던 유대인에 대한 차별과 박해에 대한 반성을 담고 있습니다. 유대인에 대한 고민과 성찰은 이후 이슬람교·불교 등 다른 종교로 확대

됩니다.

역사에는 '만약'이 없다지만 유다라는 존재를 이 '만약'에 올려놓는다면 인류의 모습은 지금과는 달랐을 겁니다. 유다가 없이는 십자가도 없고, 십자가 없이는 교회가 말하는 구원 계획도 수립될 수 없습니다. 만일 유다가 없었다면 교회도 없었을 것이고 팔아넘긴 이가 없었다면 예수도 없었을지 모릅니다.

하지만 유다는 우리가 살아가는 세상에서 드물지 않은 인물입니다. 사실 무엇보다 유다는 우리 안에 있습니다. 유다의 모습은 바로 우리가 본 우리의 내면 가운데 어두운 한 모습일지도 모릅니다. 악이 사라진다고 해서 세상에 평화가 오리라 기대할 순 없습니다. 또 다른 악이 끊임없이 내 안에서 자라고 있지는 않은지 보아야 하는 이유입니다.

---

* 김남수 주교, '비그리스도교와 교회의 관계에 대한 선언: 우리 시대', 『제2차 바티칸 공의회 문헌』, 한국천주교중앙협의회 2004, 645쪽 인용.

마음의 빗장을 다시 잠그다

이 책의 초판《믿는 인간에 대하여》를 출간 한 이후, 저는 적잖은 사람들과 관계를 정리하게 되었습니다. 때로는 이유를 알 수 없이, 때로는 나름의 이유로 인연의 끈이 끊어졌지요. 사람들에게 다가가고자 어렵게 결심했던 마음은 오히려 저에게 큰 절망을 안겨주었습니다. 그런 때 제가 할 수 있는 것이 바로 책 읽기와 글쓰기였습니다.

그 가운데 베토벤에 관한 이야기를 읽으면서, 그를 통해 저 자신을 반추하게 되었습니다. 베토벤은 오직 음악만이 삶의 전부였던, 자칭 '음악 노동자'였지요. '공부하는 노동자'로 자처했던 저는 그의 삶을 통해 제 삶을 다시 돌아보게 됐어요. 베토벤이 음악을 통해서만 만날 수 있는 인물이라는 점에서 공부를 통해서만 자기 존재를 꾸려갈 수 있는, 보잘것없는 저를 비춰볼 수 있었습니다. 그에 비추어 나를 보고 실망하고 분노하고 절망하면서도 그 같은 부정적인 감정을 넘어서고 싶다는 갈망을 가졌습니다.

천재, '제니우스genius'라는 단어 자체는 라틴어에서 온 말입니다. 제니우스는 '생성하다, 창시하다, 야기하다'라는 의미의 라틴어 동사 gigno에서 파생한 단어로, 제니우스와 어원이 같은 말로는 '민중, 부족'을 의미하는 젠스gens, '탄생, 혈통, 인종'을 의미하는 제누스genus 등이 있습니다.*

이 단어를 처음 사용한 고대 로마인은 제니우스를 수호하는 영혼, 즉 인간이 살아가는 동안 인간과 함께 동행하면서 인간을 신성한 존재에게 연결하는 존재로 여겼습니다. 근대적인 천재가 특별한 창조력이나 통찰력을 지닌 개별 인간을 의미한다면, 고대 로마인이 생각했던 '제니우스'는 종교적 관점에서 이해한 단어였습니다.**

고대인들은 독창적이고 새로운 것에 시선을 두기보다는 영원한 형태를 되풀이하는 데 주목했고, 끊임없는 탐구를 요구하는 신화로 가득한 과거, '창조의 시간'에 주목했습니다. 즉 '절대 과거'에는 현재와 미래의 모든 것을 이해할 수 있는 열쇠가 숨어 있다고 생각한 것이지요.***

18세기부터 등장한 근대적 의미의 천재의 전형인 베토벤, 베토벤의 친구 프란츠 베겔러의 말에 따르면 베토벤은 늘 '짝사랑'에 빠졌다고 합니다. 1795년 본에서 온 가수 막달레나 빌만에게 청혼

---

* 대린 M. 맥마흔 지음, 추선영 옮김, 『천재에 대하여』, 시공사 2017, 69-70쪽 참조.
** 같은 책, 17쪽 참조.
*** 같은 책, 39쪽 참조.

까지 했지만 결혼으로 이어지지 못하고, 그 이후로도 어떤 한 여성과도 오랜 관계를 이어가지 못했습니다. 1800년부터 점차 진행된 청각 장애가 그의 인생에 어두운 그림자처럼 다가왔지만, 청력을 잃어가면서 그의 음악의 깊이가 깊어지는 역설 속에서 아무 곳에도 소속되지 못함으로 인해 더 자유로운 영혼이 될 수 있음을 생각해 보게 됩니다.*

한편으로 베토벤은 매번 결혼한 여인이나 다른 남자를 사랑하는 여인, 아니면 자기보다 높은 신분의 여인들과 사랑에 빠지곤 했는데, 그래서 그 사랑은 늘 어긋난 길을 걸을 수밖에 없어 우울의 나날을 보냈다고 합니다. 그녀들은 결코 베토벤의 연인이 될 수 없었지만 베토벤은 그 순간이 닥치면 사랑의 열병에 빠지곤 했습니다.**

관계에 실패할수록 베토벤은 음악에 몰입하게 됩니다. 괴팍하게 보이는 성격, 부족한 처세술과 직설적인 언변, 음악적 성취를 위해서 아침부터 오후 2-3시까지 음악에 몰입하는 일상은 그를 사람들과 멀어지게 했고, 자신만의 진공관 같은 세계에서 극심

---

* 앤 핌로트 베이커, 이종길 옮김, 『베토벤 평전』, 도서출판 길산 2002, 45쪽 참조.
** 같은 책, 75쪽 참조.

한 외로움에 시달리는 악순환이 계속됐습니다. 결국 1812년 여름, 베토벤은 결혼에 대한 생각을 접고 음악에 모든 걸 걸기로 결심합니다.

"너의 예술 안에서만 살아라. 이것만이 너의 유일한 실존이다."***

참으로 슬프게 다가오는 말입니다. 이러한 결심은 그가 사랑했던 여인들이 사랑으로 응답할 수 없었기 때문에 다가온 결심이라는 점에서 더욱 가슴을 아프게 합니다. 이후 베토벤은 종종 비엔나 여기저기에 있는 친구들을 만나 어울려 술을 마시는 것으로 외로움을 이겨냈습니다. 더 이상 은둔자처럼 지내지는 않았지만 사랑과 결혼은 자신과 무관한 일이라는 듯 살아갑니다. 특출하게 선택받은 존재이지만 그의 일상은 누구보다 낯설고 서툴고 힘들었습니다.

베토벤은 정말 몰랐을까요? 왜 사람들이 그와 함께하기 힘들

***같은 책, 94-95쪽 인용.

어 했는지를요? 조심스럽게 그도 모르진 않았을 거라고 생각해봅니다. 노력했지만 잘되지 않았을 뿐이었을 거라고요. 사실 베토벤만 그런 게 아니라 우리 외로움의 상당 부분은 우리 자신이 선택에서 온다는 생각을 해보았습니다. 저 역시 별반 다르지 않았습니다.

저는 오래전부터 책읽기와 글쓰기를 통해 제 문제를 들여다봐왔는데, 이 방법은 시선을 자꾸 내면으로 향하게 하고 내 아픔을 곱씹고 또 곱씹게 만듭니다. 이것은 분명 유일한 최선의 방법이 아닙니다. 그 누구와도 소통할 수 있는 사람이 없다고 느껴질 때, 사랑하는 사람도 사랑을 전해주는 사람도 없다고 느낄 때, 간절히 이루고자 하는 것을 할 수 없다고 생각될 때, 어떤 문제(진학, 취업, 관계)가 나에게서 시작된 것인지 외부에서 오는 것인지 식별할 수 없을 때, 우리는 도심 속에서도 사막을 걷습니다. 도심 속 사막은 우리가 생각하는 것보다 훨씬 더 다양합니다. 그것들은 우리의 영혼을 메마르게 하고 피폐하게 만들어 사막화합니다. 더 이상 걸을 힘도 없고, 이제 그만 '여기까지만' 하고 멈추고 싶을 때 지독한 외로움과 마주하게 됩니다. 그럴 때면 유다의 탄식이 그대로 제 탄식이 되어 터져 나왔습니다.

"저는 가련하고 불쌍하며 제 마음은 속으로 구멍이 뚫렸습니다." (시편 109, 22)

상처 난 과일, 하지만 과일은 상처가 났다고 모두 다 버리지는 않습니다.

믿는 인간만이 다시 빗장을 연다

저 자신이 홀로 있음에 집중할수록 더 외로워지더군요. 그런데 주변의 몇몇 분들과 교류하고 대화하면서 그들의 고독과 아픔을 보기 시작했습니다. 그런데 놀랍게도 저의 아픔은 누군가와 나누지 않아도 타인의 아픔을 보는 것만으로도 작아지기 시작했습니다.

우리가 알고 있는 '타인의 불행은 나의 행복'이라는 쓰디쓴 말을 재확인하려는 것은 물론 아닙니다. 우리는 누구나 살면서 많은 아픔과 고난을 만나기 마련입니다. 경제적인 상황과 사회적 지위, 직업 같은 조건이 다 다르기 때문에 이를 완전히 배제하고 말하긴 어렵지만, 겉으로 보아 남부러울 것 없는 사람도 한 걸음 다가가 들여다보면 해결하기 어려운 문제가 있고 몰랐던 상처와 아픔이 있습니다. 과거의 아픔이 깊어 그 상처에 아직 머물러 있기도 하지만 매일 눈뜨면 감당해야 하는 현재의 아픔도 있습니다. 드러내지 않고 말하지 않는다고 없는 것은 아닌 거지요.

이런 우리는 나도 아픔을 겪거나 겪고 있다면 타인의 아픔과 어려움을 보면서 충분한 공감에 이를 수 있습니다. 인간이기 때문입니다. 누가 더 아픈가를 따지지 않는, 아픔의 무게와 크기 경쟁을 하지 않고 아픔 그 자체를 알아봐 주고 공감해 줄 수 있는 능력을 우리는 이미 가지고 있습니다. 그게 힘이 됩니다. 그렇게 저는 당신을 바라봅니다. 당신의 아픔을 보며 다시 나를 봅니다. 내 안에 있는 어두움이 타인을 바라보는 데 방해가 되지 않도록 주의를 기울입니다.

종교가 있어야 할 지점이 바로 여기라고 생각합니다.

사람들의 고통과 사회적 아픔을 이해하고 공감하고 어루만져야 하며, 타인의 아픔을 알아채는 데 서투르고 무관심한 사람들이 이 공감 안으로 들어올 수 있도록 장을 만들어주는 것이 교회의 일이 아닐까 합니다. 국가가 못하는 일을 교회는 할 수 있습니다. 부디 교회가 제 생각처럼 이 세계에 위태롭게 매달린 풍선이 아니기를, 이미 끈을 놓쳐 멀리 날아가고 있는데 교회만 모르고 있는 게 아니기를 바랍니다.

저는 교회 밖에서 교회를 생각합니다. 믿는 인간에 대한 의미도요. 교회의 일은 교회가 해야 하지만 교회가 제 역할을 못하더라도 여러분은 스스로 믿음을 갖길 바랍니다. 제게 믿음이란 특정 종교나 교파의 교리를 믿어야 하고 그에 따라 사는 것을 의미하지 않습니다.

한 사람 한 사람이 자기 내면에 있는 모든 자원을 끌어모아 자신과는 물론이고 타인, 또는 초월적 존재와 의미 있는 관계를 맺는 것을 말합니다. 믿음을 갖게 되면 몸과 마음, 영혼은 단단해지고 우리 앞에 놓인 현실을 헤치고 앞으로 나아갈 힘을 줍니다.

저는 '한번이라도 나를 살리는 웃음을 안겨준 사람이 나의 스승이다'라는 생각을 하게 된 일이 있었습니다. 어느 북토크에서 "홀로 웅크리고 있을 때마다 봄 같은 낯선 당신이 찾아왔다. 당신 덕분에 피어날 수밖에 없었다"라는 글귀를 써준 중년의 남성 독자가 제게 큰 위안과 가르침을 준 스승처럼 다가왔습니다. 누군가에게 스승은 봄 같은 낯선 당신일 수도 있고, 어제 읽은 한 문장일 수도, 어떤 공간일 수도, 방금 건네받은 맛있는 커피일 수도 있습니다. 그런 상황에서 서투름과 무관심은 믿음과 신앙을, '나를 발견해 주고, 좋은 방향으로 이끌어주는 존재'를 만나도록 주선하기도 합니다. 그것은 궁극에 다시 잠근 마음의 빗장을 여는 데 있을지도 모릅니다.

이처럼 믿음의 시작은 다시금 '나를 살리는 1분'에 있었습니다. 하루 중 단 1분이라도 "지금 이렇게 힘든데, 답이 없는데, 길을 잃었는데, 어떡하지?" 스스로 묻고 어떤 답이라도 찾아보는 시간, 숨이 턱 끝까지 차올랐을 때 크게 한번 심호흡을 하며 의식을 깨우는 잠깐의 시간을 갖는 것입니다. 그런 시간을 일상속에서 점차 늘려갈 수 있다면 고민과 숙제, 아픔과 괴로움으로 엉킨 실타래의 끝을 볼 수 있게 됩니다. 믿음은 그 실 끝을 잡아 매일 조금씩 풀 수 있도록 나아갈 힘을 줍니다. 저에게 믿음은 그렇습니다.

길을 잃고 길 위에서 길을 묻는 나를 사랑하며

웹툰 〈송곳〉에는 "사람들은 옳은 사람 말 안 들어, 좋은 사람 말 듣지"라는 대사가 나옵니다. 우리는 그 사람을 좋아하고 믿는 만큼 그의 말을 받아들이죠. 믿음도, 신앙도 그렇다고 생각합니다. 길을 잃고 길 위에서 길을 묻는 나 자신을 대견하게 생각하고 격려하고 좋아하길 바랍니다. 그러면 서서히 자기도 모르게 믿음이 자라게 됩니다. 그래서 믿음이나 신앙은 자신만의 별을 찾아가는 길처럼 느껴집니다. 진짜 공부를 통해, 참다운 믿음을 통해 당신만의 별을 찾아 원하는 대로 살 수 있는 권리를 누리시길 바랍니다.

불안과 열망으로 들끓던 시절, 나아갈 길을 알려주는 북극성과 같았던 그 믿음과 신앙을 오늘의 저 자신에게 다시 들려주고 보여주고 싶습니다. 다시 잠근 마음의 빗장이 열리길 바라며 오늘도 내일도 그다음 날도 계속해서 내 길을 걸어서 나아가고 싶습니다. 이 글을 읽는 독자 여러분에게도 그러한 길이 열리길 희망하며 진심으로 응원합니다.

Ius vivendi ut vult.

유스 비벤디 우트 불트.

당신이 원하는 대로 살 수 있는 권리를.

2024년, 개정판 서문을 쓰며

한동일

제가 이 책을 집필하게 된 동기는 한 식사 자리에서였습니다. 누군가와 함께 하는 식사 시간이 즐거운 이유는 홀로 밥을 먹을 때처럼 허기진 배만 채우는 것이 아니라 정겨운 담소를 나눌 수 있기 때문일 것입니다. 이따금 제 밥 친구가 되어주는 이종수, 손인혁 연세대학교 교수님, 서을오 이화여자대학교 교수님과 함께 하는 식사는 그래서 늘 즐겁습니다. 특히 하나의 사건에 대해 서로 다른 관점을 나누며 배울 수 있어 두 분과의 대화는 늘 유익하고 의미가 있습니다. 그 같은 자리에서는 종종 서로의 연구에 대해 제안이 이뤄지기도 합니다.

한번은 그런 식사 자리에서 이종수 교수님께서 제게 '인간의 믿음'이라는 주제로 글을 쓰면 어떻겠냐는 제안을 하셨습니다. 《라틴어 수업》《로마법 수업》에 이어 '수업 시리즈'를 마무리하는 느낌으로 종교와 신앙에 대한 책을 쓰면 어떻겠냐는 말씀이었습니다.

그날 집으로 돌아온 뒤에도 이 제안은 오래도록 제 마음에 남았지만 고민이 되는 지점이 있었습니다. '신앙'이나 '종교'를 주제로 대중에게 생각을 드러내어 이야기하는 것은 용기가 필요한 일이기 때문입니다. 우리가 보통 미디어를 통해서 종교나 종교인과 연관된 소식을 접할 때, 그 종교의 본질과 가르침에 부합하는 따뜻하고 밝은 이야기보다는 부정적이고 무겁고 어두운 내용을 압도적으로 많이 접하곤 합니다. 이미 우리의 일상은 저마다의 무게와 불안으로 힘겨운 상황일 때가 많은데, 굳이 거기에 피로를 더해줄 주제로 글을 쓸 필요가 있을까 하는 생각이 들었던 것이지요.

하지만 관점을 달리해 보니, 신에 대한 인간의 믿음과 종교는 인간의 삶에 긍정적이든 부정적이든 오랜 세월에 걸쳐 지대한 영향을 미쳐왔으므로, 그것을 통해 우리 삶에서 무엇을 발견할 수 있을지 함께 생각해보고 나누는 시도는 의미가 있을 것 같았습니다. 아울러 갈수록 종교를 가진 인구의 비율이 줄고 있다는 언론의 조사 결과를 보며, '신에 대한 믿음이 사라지는 시대'이지만 그 가운데에서도 여전히 종교와 믿음의 의미는 찾을 수 있다고 생각했습니다. 나아가 이 같은 상황을 초래한 '종교계'와 오늘날 신을 믿는 이들이 스스로를 돌아봐야 할 시점이 다가온 것 같다는 생각도 들었지요.

겸손한 인류로의 회복

초기 인류는 맹수의 먹이가 될 정도로 약한 존재였습니다. 이런 인류가 어떻게 진화하고 생존할 수 있었을까요? 저는 이 질문의 답으로 인류가 생존을 위해 선택한 필사의 전략은 '겸손'이 아닐까 생각해봅니다. 대부분의 동물이 자연환경에 맞춰 스스로 진화해나간 측면이 있다면, 인간은 이민족의 침략을 받거나 그들과 부딪쳤을 때 자신보다 나은 상대의 기술이나 생각을 '겸손humilitas 하게' 전해 받는 방법을 통해 진화해왔습니다. 언어에서부터 종교에 이르기까지 그 폭은 다양하고 방대합니다.

인도유럽어가 동양과 서양에 광범위하게 영향을 주며 전 세계 언어의 뿌리 역할을 했던 데에는, 그들의 언어를 사용해야만 얻을 수 있는 유익함 또는 좀 더 낫다고 생각되었던 어떤 이점이 있었기 때문일 것입니다. 아마도 초기 인류가 받아들인 것은 인도유럽어 사용자의 다양한 곡물에 대한 지식, 곧 먹을거리에 대한 정보였겠지요. 그것은 고대사회의 가정경제를 관리하는 데 중요한 영향을 미쳤습니다. 이를 그리스어로 '오이코노미아oικονομία'라고 했고, 라틴어에서는 그리스어를 그대로 음차하여 '오이코노미아oeconomia' 라고 했습니다. 이것이 다시 '에코노미아economia'로 변형되어 오늘날 우리가 아는 영어 단어 '이코노미economy'가 된 것입니다. 그리스어 '오이코스^{οἶκος}'는 인도유럽어 'ueik-, uoik'에서 유래한 말로 '야생지'라는 의미도 있는데, 초기 수렵 인류가 농경생활을 하는 과정에서 그 뜻이 파생되었을 수도 있습니다.[1]

'인류'라는 뜻의 라틴어 단어 '후마니타스^{humanitas}'와 '겸손'이라는 뜻의 라틴어 '후밀리타스^{humilitas}'를 견주어 생각해봅니다. 'humilitas'가 처음부터 '겸손'을 뜻하는 단어는 아니었습니다. 처음에 'humilitas'는 '낮고 비천한 신분'을 뜻했습니다. 여기에서 더 나아가 '비천하고 보잘것없는 상태'를 뜻하는 단어로 쓰였지요. 하지만 인류는 이 'humilitas'를 통해 진화해나갔습니다. 상대가 더 좋은 어떤 것을 가졌다고 생각하면, 비굴하고 비천하게 보일지라도 그것을 인정하고 받아들이며 배우려고 하는 자세를 통해 발전해나간 것입니다.

같은 맥락에서 종교의 보급과 전파도 이해할 수 있습니다. 인류가 새로운 신앙을 받아들였던 건 궁극적으로 그것을 받아들였을 때 뭔가 좋은 점이 있으리라는 확신이 있었기 때문일 것입니다. 이미 무엇에든 신앙을 가지고 있는 상황에서 새로운 종교를 받아들이는 마음에는 좀 더 나은 삶에 대한 희망과 기대, 안식처에 대한 간절함이 깃들어 있었겠지요. 현 인류가 우리 선조들에 대해 간과한 것은 새로운 것을 찾아 기꺼이 이동하고자 했던 인류의 오래된

열망입니다. 오늘날의 속도와는 비교할 수 없겠지만 그들도 요즘
의 우리처럼 그 시대를 가로지르는 속도로 그렇게 새로운 곳, 새로
운 것을 향해 나아갔습니다.

내일을 향한 기다림과 기대감

신에 대한 믿음과 종교가 인간의 역사와 함께해온 그 길고도
난해한 시간을 헤아리다가, 어느 여름날 문득 멀리 떨어져 있는 친
구의 목소리를 듣고 싶어졌습니다. 저는 알제리에 있는 친구에게
전화를 걸어 안부를 물었습니다. 제가 "서울은 정말 덥다"라는 말
과 함께 그곳에서는 무더위에 어떻게 지내고 있는지 묻자 친구가
이렇게 대답했습니다.

"한국은 아무리 덥다고 해도 가을이 오잖아."

그 순간 친구의 말이 마치 선승의 공안公案처럼 제 머리를 세
차게 내리치며 무언가를 일깨우는 것만 같았습니다.

오늘의 아픔과 절망을 바꿀 수 있는 내일이 있다면 인간은 그
아픔과 고통이 아무리 크더라도 그것을 견디고 넘어설 수 있는 힘
을 얻게 됩니다. 마치 기록적 폭염을 맞고 있다고 해도 곧 아침저
녁으로 선선한 바람과 함께 청명한 가을이 온다는 것을 알기 때문

에, 혹독하게 추운 겨울을 보내고 있다고 해도 봄은 어김없이 온다는 것을 알기 때문에 우리가 그 시간을 버티고 견딜 수 있는 것처럼 말입니다.

유한한 인간은 그렇게 영원을 꿈꿀 수 있습니다. 인간은 영원을 꿈꿀 때 유한이 영속하는 형태라고 느끼곤 합니다. 이를테면 영생을 얻는다고 생각하는 식이지요. 그래서 종교에서 표현하는 영원도 그 같은 모습으로 묘사된 경우를 발견할 수 있습니다. 그러나 진정한 의미의 '영원'이란 인간이 생각하는 방식은 아닐 것입니다. 인간은 유한한 존재이고, 그 사실은 불변한 진리입니다. 그러므로 만약 인간에게 영원이 있다면 유한한 인간이 그 일부가 되는 형태로 영원이 존재하지 않을까 합니다. 가령 인간의 지혜가 '고전'이라는 이름으로 시대를 넘어 후대로, 다시 또 그 후대로 계속 전해지는 것처럼 말입니다.

긴 고뇌의 끝, 나만의 악보를 찾아서

저는 2019년 말 한동안 이스라엘 예루살렘에 머물렀습니다. 당시 제가 머물렀던 숙소는 예루살렘 베다니Bethanie에 위치한 곳으로, 성 빈센트 드 폴 자비의 수녀회Filles de la charité de St Vincent de

Paul가 운영하는 곳입니다. 이곳이 가톨릭이나 개신교에서 중요한 장소인 까닭은 예수가 이 지역에서 성경에 언급되는 여섯 편*의 이야기를 했기 때문입니다.

이 이야기를 알고는 이 숙소에 머물면서 그리스도 예수가 머물렀던 곳 가까이에 제가 있다는 사실을 실감했습니다. 그는 서른세 해를 살고 승천했고 약한 인간인 저는 그보다 20여 년을 더 살았지만 저 역시 머지않아 언젠가 이 지상을 떠나게 될 것입니다. 그게 내일일지 지금으로부터 20년 후쯤일지는 알 수 없지만, 그렇기 때문에 살아 있는 지금 무엇인가 잘 정리하고 준비하고 싶다는 생각이 들었습니다. 그리고 스스로에게 묻게 되었습니다.

'생의 끝자락이 가까이 오면 신神은 내게 무엇을 물어볼까?'

천국과 연옥, 지옥을 가기에 앞서, 저는 그 문 앞에 저를 마중 나온 문지기들 앞에 서게 될 겁니다. 그들은 제가 언제 태어났고, 무슨 일을 했으며, 언제 죽었는지에 대한 장황한 서류들을 뒤적이다가 이렇게 묻겠지요.

"너만이 연주하도록 신이 네게 준 악보는 어디 있는가?"

---

* 〈마르코 10, 14〉〈요한 10, 14〉〈요한 11, 5〉〈요한 11, 43. 44〉〈요한 12, 8〉〈루카 24, 50〉

인간은 태어나면서부터 이생을 살아가는 동안 연주해야 할 악보를 지니고 세상에 나오는지도 모릅니다. 혹자는 그걸 체념 섞인 '운명'이라고도 할 수 있을지 모르지만, 저는 '사명使命'이라고 부르고 싶습니다. 이생으로 올 때, '맡겨진 임무' 같은 것이지요.

그런데 이 악보가 힘든 것은 우선 어떤 악기로 어떻게 연주해야 내게 가장 잘 맞는지를 찾기가 어렵다는 점입니다. 심지어 내가 가진 악보에 맞는 악기를 어렵게 찾았다고 해도 그 악기를 처음부터 자연스럽게 악보에 맞춰 잘 연주하긴 어려울 거예요. 내가 선택한 악기로 내 악보에 맞춰 잘 연주하기 위해서는 우리가 잘 모르던 길을 익숙하게 걸어갈 수 있게 되기까지 수없이 걸었던 것처럼, 그렇게 연습하고 익혀야 완성형 연주에 이르게 될 겁니다. 그래서 삶이 쉽지 않은 것 같습니다. 더구나 이 연주는 그 누구도 대신해줄 수 없습니다. 그래서 인간은 사랑하는 이가 곁에 있어도 외롭고 고독한 존재일지 모릅니다.

저는 공부하는 사람이자 신을 믿는 한 명의 인간으로서 꽤 오랜 시간 '오늘날의 종교는 인간에게 어떤 기다림과 기대감을 줄 수 있을까? 어떤 기쁨과 희망을 줄 수 있을까?'라는 물음을 마음속에 품고 그 답을 고민해왔습니다. 물론 이런 이야기를 하거나 질문을 겉으로 드러내 던지면 '믿음이 없는 자'로 낙인이 찍힐까 봐 두려웠던 적도 있었습니다. 제가 적을 두고 있던 신학교나 가톨릭교회가 그 같은 질문을 포용하지 못할 정도로 속이 좁은 공동체는 아닌데도 말입니다. 그뿐만 아니라 그 질문에서 나아가 '나만이 연주하도록 신이 나에게 준 악보는 무엇인가?'를 끊임없이 물어왔습니다.

2017년 저의 책《라틴어 수업》은 생각하지 못했을 정도로 많은 독자의 애정을 받았습니다. 그 덕분에 저 역시 과분한 관심을 받기도 했습니다. 그 과정에서 제가 가톨릭 신부라는 사실이 알려지기도 했고요. 하지만 아주 긴 고민 끝에 이제 저는 순수한 자유의지로 사제직을 내려놓고 그저 한 명의 신앙인으로, 공부하는 사람으로 돌아가고자 합니다. 오랜 시간 고민해왔지만 가톨릭교회에서 제게 바란 악보와 제가 연주할 수 있는 악보는 조금 달랐던 것 같습니다. 그 둘 간의 간극을 메워보려고 무척 애를 써보았지만 실로 어려운 일이었습니다. 그 길고 긴 고민 끝에 이제 저라는 사람은 한 명의 법학자로서 그 어떤 일보다 제가 공부하고자 하는 세계에서 자유롭게 관련 지식을 깊이 탐구하고 그것을 축적하며, 보다 많은 이들과 호흡하고 지식을 나누는 일을 할 때에 가장 기쁜 사람이라는 사실을 온전히 받아들이게 되었습니다. 이것이 신이 저에게 주신, 저만이 연주할 수 있는 악보라고 생각합니다. 그렇다고 해도 제 모든 정체성은 가톨릭에 바탕을 두고 있으므로 앞으로의 삶의 방향 역시 큰 틀에서는 크게 변하지 않을 것입니다.

그런 의미에서 이 책은 제 긴 고민의 흔적이자 나름의 답이며, 그리스도교를 빼놓고 말할 수 없는 유럽의 역사와 문화 속에서 드러난 믿음과 종교에 대한 다채로운 이야기를 담은 책입니다.

인간의 유구한 역사에서 종교는 떼려야 뗄 수 없는 큰 부분을 차지하고 있습니다. 유럽사에서 종교가 법과 정치로부터 분리된 것은 불과 몇 세기도 지나지 않았습니다. 10세기 초반의 유럽, 혼탁했던 시대적 상황에 불안에 떨던 민중은 교회로 몰려와 신의 보호와 자비를 청하기도 했고, 간질과 같은 병은 마귀가 쓰인 탓이라고 여겨 가톨릭의 구마 의식이 치료의 일환으로 여겨지기도 했습니다. 의학이 종교와 분리된 것 역시 그리 오래되지 않습니다. 이같은 이야기가 그저 과거의 것만은 아니리라고 봅니다. 신에 대한 믿음이 사라지고 있는 때라고 할지라도, 지금도 여전히 신을 믿는 누군가는 신의 존재를 통해 내일의 희망을 찾고 있을 테니까요. 종교는 오늘날에도 여전히 인간의 생로병사와 삶의 면면에 많은 영향을 미치고 있습니다. 신에 대한 우리의 믿음을 되돌아보고 종교의 역할에 대해 다시 한 번 숙고해야 하는 까닭이기도 합니다.

희망과 기대감은 종교인이 아니더라도 모든 인간 삶의 중요한 원동력입니다. 내일의 천국을 이야기하는 종교가 지금 우리의 삶이 인간다운 삶으로 나아가는 데 기여하지 못한다면 그것은 참으로 허무한 일이 아닐 수 없습니다. 종교가 헛된 희망과 거짓된 기대로 과대 포장한 선물처럼 보이지 않으려면 종교인들이 스스로 자기 모습을 돌아보고, 불안한 인간 존재에게 신실하고 진실한 말과 행동으로써 희망의 증거가 되어야 할 것입니다. 이 같은 이야기를 함께 나눠보고 싶었습니다. 이 책이 한여름의 무더위를 견디며 기다리는 선선한 가을바람처럼, 한겨울의 혹한 속에서 봄이 머지않았음을 기대하게 하는 한 줄기 따뜻한 햇살처럼, 현실의 고통 속 작은 기다림과 기대감을 선사하기를 바랍니다.

2021년 가을,
한동일 드림

차 례
*Quod in libro continetur**

---

* 통상 라틴어에서 목차를 가리키는 말로 사람들에게 가장 잘 알려진 단어는 '인 덱스(index)'이다. 하지만 이 단어는 '목차, 목록, 지침'이라는 뜻 이외에도 '밀 고자, 중세의 금서목록'이라는 부정적인 뜻이 있어, 이 책에는 '책 안에 담긴(포 함되어) 것'이라는 의미에서 'Quod in libro continetur'라는 말을 썼다.

Deus non indiget nostri, sed nos indigemus Dei.

데우스 논 인디제트 노스트리, 세드 노스 인디제무스 데이.

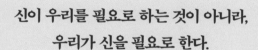

신이 우리를 필요로 하는 것이 아니라,
우리가 신을 필요로 한다.

01

생각의 어른을 찾다

Quaerere sententiae adultos

◆ "그러면 누가 저의 이웃입니까?"

성경의 〈루가복음〉 10장 29절부터 37절까지의 내용은 '착한 사마리아인의 비유'에 대한 것입니다. 어떤 율법 교사가 자기의 정당함을 드러내고 싶어 예수에게 위와 같이 질문하는데, 예수는 답을 주는 대신, 어떤 사람이 예루살렘에서 예리코로 내려가다가 강도를 만나 초주검이 된 상황을 예로 듭니다. 사제도, 레위인도 쓰러진 이 사람을 보고 그냥 지나쳐 가버리지만, 사마리아인은 그를 보고 '가엾은 마음'이 들어 그의 상처를 정성스럽게 살핀 다음에 자기 노새에 태워 여관으로 데리고 가서 돌보아주었다는 이야기입니다. 뿐만 아니라 이 사마리아인은 이튿날 여관 주인에게 돈을 주면서, "저 사람을 잘 돌보아주시오. 비용이 더 들면 돌아오는 길에 갚아드리겠소(루가 10, 35)"라고 말했다고 하지요.

예수는 이 비유를 들면서 율법 교사에게 이야기 속 사제, 레위인, 사마리아인 중 누가 강도를 만난 사람에게 이웃이 되어주었다고 생각하느냐고 되묻습니다.

이 비유를 좀 더 들여다보겠습니다. 이야기 속에서 강도를 만나 초주검이 된 사람을 비롯해 사제, 레위인은 모두 유대인입니다. 사마리아인은 팔레스타인 사람이고요. 그 시대에 유대인과 사마리아인은 서로 원수지간과도 같았습니다. 성경에서도 "유다(유대)인들과 사마리아인들은 서로 상종하는 일이 없었다(요한 4, 9)"라고 말하고 있습니다. 유대인은 사마리아인이 순수한 혈통을 보존하지 못했다고 보았고, 그들을 '개 같은 놈'이라고 부르며 멸시하고 천대했습니다. 심지어 사마리아인과 접촉하거나 대화하는 것을 금지하기도 했고요. 반면 사마리아인은 유대인이 아시리아Assyria의 보호를 받으며 나라를 유지하는 주제에 자신들을 이방인처럼 대하는 것에 원한을 품었습니다.*

그 당시 이스라엘 땅 제일 북쪽에는 갈릴리Galilee가, 중간에는 사마리아Samaria가, 남쪽에는 유대Judea 지역이 자리 잡고 있었는데요. 북쪽의 갈릴리에서 남쪽의 유대 지역으로 가는 데는 사마리아 지역을 거치면 사흘밖에 걸리지 않지만, 유대인은 사마리아 땅을 밟지 않기 위해 요르단강을 건너 그보다 두 배나 되는 먼 길을

* 믿는 인간 깊이 읽기: 01-(1) 유대인과 사마리아인

돌아갔습니다. 유대인과 사마리아인 사이의 반목이 어느 정도인지 짐작할 수 있는 대목입니다.

이런 맥락에서 보면 사마리아인은 강도를 만난 유대인에게 모든 걸 뛰어넘은 자비를 베풀어준 것이지요. 유대인의 《탈무드》에는 "한 생명을 구하는 자는 세상을 구하는 것이다"라는 말이 있는데, 그 말대로 보자면 원수지간이지만 유대인의 생명을 구한 사마리아인은 세상을 구한 셈이 됩니다.

어른이 되려고 하지 않는 사회에서 어른을 찾다

2001년 로마에서 유학을 하던 시기, 저는 혼자였습니다. 혼자 있음에 아직은 익숙하지 않았던 시절, 금요일 저녁이면 삼삼오오 어울려 외출하는 사람들 사이에서 홀로 기숙사에 남아 있을 때가 많았습니다. 물밀 듯이 밀려오는 외로움을 감당할 수 없었지요. 그럴 때면 이렇게 생각했습니다.

'여기는 외국이라서 그래. 한국에 돌아가면 달라질 거야.'

하지만 2010년, 한국에 돌아온 뒤로도 크게 달라진 것은 없었습니다. 저는 이곳에서도 혼자였어요. 아니, 사실 어디에 있든 저는 늘 혼자라고 느꼈습니다. 제가 있는 곳이 서울이든 로마든 또 다른 어디든 간에, 제 삶은 목표를 향해서 달려가기만 하느라 그 속에 사람이 들어올 자리가 없었습니다. 하지만 저부터 〈루가복음〉 속 사마리아인처럼 누군가의 이웃이 되어주지 못했습니다. 나의 이웃을 찾고 기다렸으나 제가 먼저 누군가의 이웃이 되어줄 생각은 하지 못했던 겁니다.

최근 우연히 〈나의 아저씨〉라는 TV 드라마를 알게 됐습니다. 꽤 많은 사람이 드라마 속 40대 주인공과 그 친구들을 보며, 자기 주위에 '저런 어른'이 있었으면 좋겠다고 생각한다는 것도 알게 됐습니다. 드라마를 다 보지는 않아서 내용을 정확히는 알 수 없었지만, 한 가지 사실은 분명히 느낄 수 있었습니다. 사람들이 성별과 나이를 불문하고 삶에서 보고 배울 수 있고, 기댈 수 있는 '어른'을 바라고 있다는 것을요. 그리고 이런 바람 역시 착한 사마리아인 이야기와 같은 선상에 놓여 있다고 생각했습니다.

우리 사회에 '멘토' 열풍이 불던 때가 있었습니다. 멘토라 불리던 사람들 중에는 승려, 가톨릭 사제, 개신교 목사 등 종교 인사가 꽤 많았던 것도 기억합니다. 많은 사람이 종교계에서 헌신하는 분들 가운데에서 생각의 어른을 찾는 듯합니다. 과거 우리 사회에 어려움이 있을 때마다 기자들이 김수환 추기경, 성철 스님, 법정 스님, 문익환 목사에게 달려가 어른의 지혜가 담긴 말씀을 청하곤 했던 걸 떠올려보면 이해가 되는 지점입니다. 하지만 지금은 많은 사람이 이구동성으로 우리 사회에 '어른이 없다'라고 말합니다. 어떻게 된 일일까요?

라틴어에서 어른을 표현하는 단어는 여러 가지입니다. 생물학적인 의미에서 성인 남성을 비르vir, 노인을 세넥스senex라고 표현했고, 더 높은 지위에 있는 사람이나 먼저 태어난 사람을 뜻할 때는 수페리오르superior라고도 불렀습니다. 한편 생물학적으로 '성장한'을 뜻할 때는 아둘투스adultus를 사용했는데, 이것은 '성장하다'라는 동사 아돌레스코adolesco의 과거분사입니다. 그리고 이 아둘투스가 오늘날 영어의 어덜트adult가 됩니다. 한편 표준국어대사전은 '어른'을 "다 자란 사람. 또는 다 자라서 자기 일에 책임을 질 수 있는 사람. 나이나 지위나 항렬이 높은 윗사람. 결혼을 한 사람"이라고 정의하고 있습니다.

하지만 우리가 '어른'이라고 말할 때 단순히 생물학적으로 다 자랐거나 나이가 든 사람, 지위나 항렬이 높은 사람을 떠올리는 것 같지는 않습니다. 미디어에서 종종 묘사하는 모습처럼 꿈은 사라지고 현실에 치여 지쳐버린 누군가의 모습에 더 공감할지도 모르겠습니다. 그러나 그것이 '어른'이라는 말에 대한 현실적인 인상이라면, "우리 사회에 어른이 없다"라는 탄식에서는 이 단어에 대한 또 다른 기대를 읽게 됩니다. 나보다 더 성숙하고 현명하며 지혜로운 누군가를, 이 혼란한 삶 속에서 나를 이끌어주고 내가 기댈 수 있는 '생각의 어른'을 바란다고 해야 할까요? 저는 우리 사회가 언제나 그런 생각의 어른을 찾고 있는 것 같다고 느끼곤 합니다.

하지만 역설적이게도 그 누구도 본인 스스로가 그와 같은 어른이 될 생각은 하지 않는 것 같습니다. 우리 사회를 사람의 성장에 비유한다면, 사회는 경제적으로나 물질적으로 어느 정도 성인이 되어가는데, 그 안에 살고 있는 우리의 생각과 마음은 어른이 되기를 거부하는 '피터팬 증후군'을 앓고 있는 것 같기도 합니다. 나는 여전히 아이로 머물러 있고 싶고, 상대는 나에게 어른처럼 행동해주길 바라고 있는 것은 아닌가 싶습니다. 물론, 나이를 먹더라도 자기 삶을 책임지는 것은 여전히 부담스럽고, 나이에 걸맞은 역할을 한다는 것은 어려운 일입니다. 저 역시 부단히 애쓰고 있지만 쉽지 않음을 많은 순간 깨닫고 있습니다.

내가 생각의 어른이 될 수도 있다

나이가 들어가면서 부모는 자식이, 윗사람은 아랫사람이 자기에게 잘하길 바라게 됩니다. 그러나 많은 사람이 어른이 되려고 하지 않는 사회에서 다들 그저 어른의 대우만 받으려고 하는 것은 아닐까요? 나이 든 분들에게는 섭섭하게 들릴 수도 있겠지만, 효자는 부모가 만들며 좋은 아랫사람은 윗사람이 만듭니다.

오늘날 우리 사회가 바라는 생각의 어른은 많이 공부하고 많이 소유한 사람이 아니라, 그가 공부하거나 소유한 것이 많고 적음을 떠나 진심으로 누군가의 곁이 되어줄 수 있는 사람이 아닐까 합니다. 생물학적으로 다 자랐거나 나이가 든 사람, 지위나 항렬이 높은 사람이 아니라 마음을 열고 다가갈 수 있는 사람, 기댈 수 있는 사람이 바로 생각의 어른일 겁니다.

그런데 이 생각의 어른은 나이와는 상관이 없습니다. 나이가 어리더라도 그가 사려 깊은 사람이라면 그가 곧 생각의 어른입니다. 우리는 이 모습을 성경의 예수에게서도 엿볼 수 있습니다. 그 당시 사람들은 30대 초반의 청년 예수가 뭘 얼마나 알겠는가 하며 미심쩍은 눈으로 보기도 했을 것이고, 크게 배운 것 없는 '목수의 아들'이라고 대놓고 무시하기도 했을 겁니다. 하지만 그중 일부는 이 청년의 생각과 가르침이 매우 훌륭하다는 것을 알고 그를 스승으로 대접하기도 했습니다. 그들을 통해 예수의 생각과 말은 빠르게 퍼져나갔고, 더 많은 사람이 그 생각에 동조하고 그를 따르게 되었던 것이지요.

그러고 보면 생각의 어른이 사회나 공동체 안에서 존재하는 것이 가능하기 위해서는 그런 사람을 알아보고 존중하는 사람도 있어야 합니다. 주위를 잘 살펴보세요. 어쩌면 생각의 어른은 이미 우리 곁에 있을지도 모릅니다. 그는 우리가 생각했던 것보다 훨씬 나이가 어릴 수도 있지만 인간과 삶에 대한 태도가 나보다 더 훌륭하고, 내가 생각하지 못했던 것을 깨닫고 행동하는 사람일 수 있습니다. 우리가 먼저 그런 사람을 알아보고 존중할 때, 우리는 진정한 생각의 어른을 맞이할 수 있을 것입니다.

가혹했던 일제강점기에 국민에게 희망을 주기 위해 노심초사하던 도산 안창호 선생은 "지도자가 없다"라고 탄식하는 많은 한국인에게 "지도자가 없다고 탄식하지 말고 너 자신이 지도자가 돼라"라고 했다고 합니다. 누구나 나이를 먹고, 어른이 됩니다. 그렇다면 생각의 어른을 타인에게서 찾으려고 하기보다 내가 먼저 생각의 어른이 되고자 하는 노력이 필요하지 않을까요? 그리고 그것은 나 자신부터 깨어 있어야 가능할 겁니다.

저는 2019년에서 2020년으로 넘어가는 길목에 '종교 박물관'과도 같은 도시, 예루살렘에 머물렀습니다. 그때 동방과 서방 그리스도교의 여러 성직자와 수도자, 목사, 이슬람의 종교 지도자 이맘Imām, 유대교의 종교 지도자 랍비의 얼굴을 조금 더 찬찬히 들여다보았습니다. 매일 간절히 기도하는 그 얼굴들 속에 내적 평화가 깃들어 있고, 인간과 세상의 어려움을 포용할 '어른'의 얼굴이 있지 않을까 생각했기 때문입니다. 그러나 지금 그때를 돌아보면 그 얼굴은 밖이 아니라 제 안에서 찾았어야 했던 게 아니었나 합니다.

예루살렘에서는 많은 사람이 각자 자기 종교에 따라 회당을, 교회를, 성당을, 모스크를 찾아가고, 그 안에서 자기의 염원과 바람을 담은 기도를 성심성의껏 올립니다. 그래서 그곳에 있다 보면 세상에 이렇게 종교적인 나라가 어디 있을까, 모두 신에게 무엇을 그토록 바라는 걸까, 생각하게 됩니다. 하지만 다시 생각해봅니다. 이제는 신에게 끊임없이 무엇을 해달라고 보채는 기도에서 벗어나 내가 누구인지, 나는 의롭게 잘 살아왔는지, 앞으로 어떻게 살아갈 것인지에 대한 성찰의 기도가 필요하지 않은가 하고요. 나의 이웃,

생각의 어른을 밖에서 찾고 바랄 것이 아니라 내가 그런 이웃이, 어른이 되어줄 수 있는지를 되돌아봐야 할 때입니다.

Quod non possint ibi veræ esse virtutes, ubi non est vera religio.

쿼드 논 포신트 이비 베래 에세 비르투테스, 우비 논 에스트 베라 렐리지오.

참다운 종교가 없는 곳에 참다운 덕성이 있을 수 없다.[1]

같음을 찾고
차이를 만든다

Quaerere aequale, facere differentiam

◆ 2019년 12월 17일, 이스라엘 초대 수상 다비드 벤구리온 이름을 따서 지은 '벤구리온 공항'에 도착해, 그곳에서 15킬로미터 떨어진 예루살렘으로 가는 택시를 탔습니다. 정확히 20년 만의 방문이었습니다. 20대에 배낭 하나 메고 방문했던 가난한 청년이 이제 쉰 언저리가 되어 그곳을 다시 찾은 것이지요.

예루살렘은 그리스도교, 유대교, 이슬람교의 성지가 모여 있는 도시로, 히브리어로는 '예루샬라임Yerushalayim(평화의 마을)'이라 불리고, 아랍어로는 '알 쿠드스Al Quds(신성한 도시)'라 불리는 곳입니다. 지금까지도 이스라엘과 팔레스타인이 종교적인 이유로 이 도시를 두고 다투고 있습니다. 무엇보다 이곳은 그리스도교와 이슬람교를 믿는 신앙인만이 아니라 전 세계인이 찾는 종교의 성지이자 종교 박물관 같은 곳입니다. 특히 라틴 전례를 따르는 로마 가톨릭교회 외에도 동방 교회*의 여러 종파 교회들이 모여 있는 곳이기도 합니다.

공항에서 예루살렘으로 가는 길은 20년 전보다 도로가 좀 더 넓어지고 새로 생긴 가로등으로 더 밝아진 것 외엔 크게 변한 것이 없는 듯했습니다. 숙소는 예루살렘 구시가지와 조금 떨어진, 아랍인 거주 지역에 위치해 있었는데, 늦은 시간에 도착해 짐을 풀고 나니 숙소를 돌아볼 겨를도 없었지요. 긴 여정으로 인한 여독 탓에 피곤이 몰려와 서둘러 잠을 청했습니다.

다음 날 아침, 쨍한 햇살에 잠이 깨고 나서야 방문을 열고 밖으로 나가 숙소 창문 너머로 주변 풍경을 둘러보았습니다. 숙소 담장 너머에는 이스라엘 군인만 지나다닐 수 있는 아스팔트 길이 나 있었는데, 그 길 바로 옆에 꼭대기에 철조망이 쳐진 커다란 콘크리트 장벽이 세워져 있었습니다. 20년 전에는 없던, 팔레스타인과 이 구역 사이에 세워진 '분리장벽'이었습니다. 그 높다란 벽을 보고 있자니 과거 역사에서 유대인 강제 격리 구역인 게토Ghetto를 경험한 이들이 만든, 또 다른 게토를 보는 것만 같아서 가슴이 꽉 막힌 것처럼 답답하고 착잡했습니다.

이 분리장벽은 이 땅의 기나긴 역사에 비추어 볼 때 불과 20여 년 사이에 세워진 것입니다. 과거에 방문했을 때는 보지 못했던 벽

---

* 믿는 인간 깊이 읽기: 02-(1) 동방 교회

이스라엘이 팔레스타인인을 격리하기 위해 세운 분리장벽. 높이 10미터, 길이 700킬로미터에 달하는 이 장벽은 요르단강 서안지구와 예루살렘을 분리하고 있다.

이고, 그 이후엔 이야기로만 듣고 사진으로만 보던 장벽이었지요. 그 벽을 눈앞에 두고 실감하면서 제 감정은 일시적으로 큰 폭으로 흔들렸습니다. 세월이 흐르면 있던 벽도 허물어질 법한데, 없던 벽이 생겨났다는 것이 의미하는 바가 무엇이겠습니까. 얼마나 큰 갈등과 아픔이 이 벽을 세웠는지, 다시 또 얼마나 큰 고통과 아픔이 생겨날지 생각하니 마음이 참담했습니다.

인간의 마음이 만든 장벽

분리장벽이 실재하는 벽이라면 마음의 벽은 보이지 않는 벽입니다. 예루살렘에서는 새벽 5시쯤이면 이슬람 지역의 모스크 첨탑에서 '기도 소리'가 울립니다. 그 소리에 잠에서 깨고 나면 눈을 뜨고 있는 모든 시간에 이 마음의 벽을 생각하게 됩니다. 어디에서든 기도 소리가 들리기 때문인데요. 이슬람교의 기도는 새벽, 낮, 오후, 일몰 직후, 야간, 이렇게 하루 다섯 차례에 걸쳐 이루어지기 때문에 그 소리가 들리면 시각을 짐작할 수 있습니다. 이탈리아 도시에서 성당 종소리를 통해 시각을 가늠할 수 있는 것과 같습니다. 가톨릭에서는 아침, 점심, 저녁 정해진 시간에 울리는 종소리를 들으며 바치는 기도를 '삼종기도'라고 합니다. 어쨌든 제가 이 기도 소리로 마음의 벽을 느낀 것은 다음과 같은 이유에서입니다.

예루살렘에서는 거의 모든 시간에 다양한 기도 소리가 울려 퍼집니다. 유대인은 안식일인 토요일에 회당(시나고가Sinagoga)이나 통곡의 벽을 향해 서서 무언가를 위해 열심히 기도합니다. 그리스도교의 주일인 일요일이면 그리스도교 지역의 성당이나 교회에서 각 나라 언어로 미사와 예배가 진행됩니다. 앞서 말씀드린 것처럼 이슬람교는 일반인 신자가 그리스도교의 성직자만큼 기도한다는 인상을 받을 정도로 기도에 열과 성을 다합니다. 그들이 기도하는 내용 중에는 '잠보다 기도가 낫다'라는 말이 담겨 있다고 하니, 그 기도의 간절함이 얼마나 충만한지 짐작해볼 수 있습니다.

그리스도교, 유대교, 이슬람교 세 종교의 공통 성지인 예루살렘에서 각 종교를 믿는 사람들이 기도하는 모습을 보면 때로 경쟁적이라고 느껴질 정도입니다. 심지어 어떤 사람들은 '우리의 신'을 위해, '우리의 성지'를 위해 싸움을 불사하기도 하는데, 그들에게는 그 싸움마저 신을 향한 기도인지도 모르겠습니다. 그러나 그런 기도 소리 한가운데에서 저는, 사람들이 그 종교를 믿으며 신에게 헌신적으로 기도하는 만큼 세상의 평화를 위한 일로 경쟁하면 얼마나 좋을까, 하고 상상해보았습니다.

하지만 현실에서는 신의 이름을 내세운 마음의 장벽이 자꾸 높아지고 두터워지는 것 같습니다. 그로 인해 평화롭지 못한 일은 더 많이 일어나고요. 역사적으로 벌어진 수차례의 큰 전쟁이 모두 종교전쟁이라고 할 수는 없지만, 각각의 신앙 체계는 각자 모시는 '신을 영광스럽게 하기 위해' '신의 이름으로' 대립해왔고, 때로 상

대 종교의 세력을 약화시키거나 제거하기 위해 싸워왔음을 부인할
수는 없습니다.

장벽이 무서운 것은, 세우긴 쉬워도 무너뜨리긴 어렵기 때문
입니다. 물리적 장벽을 무너뜨리지 못하는 시간이 길어지면 길어
질수록 마음의 장벽도 그만큼 더 높아집니다. 한국과 북한만 생각
해봐도 그렇습니다. 남북관계에 해빙기가 찾아올 때도 있었지만,
어느 순간 냉랭해지거나 상황이 급격히 나빠지길 반복해왔지요.
휴전선이라는 물리적인 경계는 너무 오랫동안 단단히 존재했고 마
음의 골은 깊을 대로 깊었으니 당연한 일입니다. 이 물리적 장벽이
나 철조망은 어떤 계기로 쉽게 해결될 수도 있지만, 그것은 불신이
쌓인 마음의 장벽부터 무너뜨리지 않으면 불가능합니다.

앞으로 얼마나 더 오랫동안 이 아슬아슬한 시간을 보내야 할
지 알 수 없지만, 이런 지루한 인내 속에서 이해하고 신뢰하는 과
정은 그간의 역사로 볼 때 당연히 지불해야 하는 비용인지도 모릅
니다. 오랜 세월 서로 다른 믿음, 서로 다른 체제가 가져다준 소통
없는 진공의 시간이 만들어낸 벽은 웬만큼의 '노력'과 '시간'이라
는 비용을 들이지 않고는 무너뜨리기 어려울 겁니다.

사실 거의 모든 나라와 사회에는 밝음과 어둠이 공존합니다.
로마에서 유학하던 초기에 이탈리아 사회의 부당함과 불편함에 대
한 불만이 많았고 그에 대한 비판을 쏟아내기도 했지만, 그곳에서
살며 제3자의 눈으로 한국 사회를 바라볼 수 있었습니다. 타국에

서의 삶이 일종의 거울이 된 셈입니다. 그 과정에서 신자유주의가 가속화되면서 세계 곳곳의 삶이 한결 팍팍해졌음을, 가난의 대물림, 포용과 배려가 없는 삶에 대해 토로하는 사회적 분위기가 비단 우리만의 이야기가 아님을 느꼈습니다. 날이 갈수록 내가 추구하는 바와 다른 가치에 대해 무자비하게 재단하고 편을 가르며, 갈등하고 적대시하는 경향이 가속화하고 있는 듯합니다.

멀리 갈 필요도 없습니다. 한국 사회 안에서도 개인과 개인, 집단과 집단 사이에 세워진 견고하고 높은 마음의 분리장벽을 볼 수 있습니다. 생각해보면 부부 사이, 형제 사이, 친구 사이에도 마음의 장벽이 있지 않나요? 생겼다 허물어지기를 반복하기도 하지만, 때로는 점차 높아지고 단단해져 상대를 아프게 하거나 그 인연이 끊어지기도 합니다. 회사 안에서도 고용자와 노동자 사이에, 부서와 부서 사이에, 상사와 부하직원, 동료 사이에도 장벽은 쉽게 솟아나고 때로는 견고해지기도 합니다.

자신과 타인 사이에 선을 긋고 벽을 세우는 건 인간의 본성입니다. 인간은 성장하면서 '나는 너와 다르다'라는 자의식 속에서 자아가 형성되고 발전하니까요. 하지만 나와 너는 다르다고 구분 짓는 경계 행위의 끝은 어디이며, 거기에서 무엇이 남을 수 있을까요? 양파도 겉껍질만 적당히 벗겨내고 요리해야지, 자꾸 벗겨내기만 하면 눈물만 날 뿐 그 끝엔 아무것도 남지 않습니다. 우리는 이제 너와 나의 차이를 말하기에 앞서 너와 내가 무엇이 같은지를 고민해야 하는 지점에 와 있습니다. 고민하고 돌아보며 다른 길을 찾아 나아갈 수 있는 것 또한 인간이 가진 힘입니다.

서방세계와 아랍세계의 '같음'의 근간은 단순하게 말해서 '하느님(하나님)'과 '조상'입니다. 이 두 세계가 섬기는 신은 하늘에 두 개의 태양이 떠 있는 것처럼 달라 보이지만 사실 같은 신입니다. 또한 그리스도교의 예수도, 이슬람교의 창시자인 무함마드도 아브라함이라는 공통의 조상을 가지고 있습니다. 여기까지 이견의 여지가 없다면, 두 세계의 교집합이 여기에 있다면 아마도 여기가 시작점일 겁니다.

그러나 현실적으로 유구한 역사 속에 얽히고설킨 맥락을 무시한, 이 같은 단순한 인식으로 그동안 반목해온 관계가 쉽게 나아질 수 있다고 생각하지는 않습니다. 다만 두 세계가 믿는 같은 신과 같은 조상이 인류와 후손에게 원하는 바가 이토록 오랫동안 참혹하게 전쟁과 살육을 이어가는 것일까, 하고 묻게 됩니다. 인간이 그토록 전쟁과 죽음을 불사하면서까지 지키고자 하는 종교적 신념이 결국 동일한 신에 대한 믿음과 영광을 드러내기 위한 것이라는 사실에는 어딘지 모르게 허무한 비애가 있습니다.

능동적인 '바라봄'

예루살렘에는 예수가 눈물을 흘렸다고 알려진 '도미누스 플레비트 경당Dominus flevit Church'이 있습니다. 이곳을 내려와서 예루살렘 도성으로 올라가는 길에는 성문 바깥쪽 벽, 좌우에 사자 부조가 새겨진 '사자 문'이 있는데요. 이곳은 구시가지를 둘러싼 여덟 개 성문 가운데 하나입니다. 이 문을 지나면 예수의 수난 과정을 묵상할 수 있는 '십자가의 길Via Dolorosa'이 시작되는데, 그 길 초입의 벽면에 이런 글귀가 새겨져 있습니다.

O vos omnes qvi transitis per viam, attendite et videte si est dolor sicvt dolor mevs.

오 보스 옴네스 퀴 트란시티스 페르 비암, 아텐디테 에트 비데테 시 에스트 돌로르 시쿠트 돌로르 메우스.

오, 길을 지나는 모든 사람들이여, 나의 고통과 같은 아픔이 있다면 주의를 기울여 보십시오.

이 글귀 속 '비데테videte'라는 말에 주목해봅니다. 이 말은 '보다'라는 의미의 '비데오video'의 명령형입니다. 이 동사에서 '바라봄, 직관'을 의미하는 명사, '비시오visio'가 파생하고, 이 명사는 영어의 '비전vision'이 됩니다. 고통 속에 있던 예수는 우리에게 보기를 권하는 것이 아니라 '보라'고 강하게 명령하고 있습니다. 이 말이 무엇을 의미하겠습니까?

모든 것은 '**바라봄**visio'에서 시작됩니다. 개인의 고통도, 사회의 아픔과 괴로움도 그 해결을 위한 첫 단계는 '보는 것'에서 시작합니다. 여기가 모든 이해의 출발점입니다. 우리는 국적, 성별, 나이, 종교를 비롯해 많은 부분에서 서로 다를 수 있지만, 인간이기에 분명히 '같은 아픔'을 가지고 있습니다. 우리가 주의를 기울여 바라봐야 하는 것은 '차이'가 아니라 '같음'입니다.

나아가 '바라봄'이 늘 타인을 향한 것이라면 타인의 단점, 잘못된 점만 쉽게 보게 되어 결국 상대를 탓하는 마음이 생깁니다. 그래서 타인을 바라보는 만큼 더 절실히 주의를 기울여 자기 자신을 바라보아야 합니다. 세상의 조화로운 질서에 관해 연구하려면 인간은 자기 자신을 보는 것에서부터 출발해야 합니다. 진실하고 치열하게, 내면을 바라보는 눈앞에 등불을 켜서 들어야 합니다. 들추고 싶지 않은 아픔이나 불편한 양심, 혹은 잘못한 것에 대한 회한과 고통은 자기애와 만나면 이기적인 마음으로 변하기 쉽습니다. 또한 이런 감정들은 회피에 능해 자꾸 안으로 숨어들기 때문에 스스로 자주 불을 밝혀 바라봐야만 합니다.

'비데테'의 바라봄은 **능동적인** 바라봄입니다. 우리말에서 '시장을 보다' '예배를 보다'라는 말은 그저 '구경꾼으로서 본다'라는 의미가 아닙니다. 장을 보러 간다고 할 때 그저 시장을 둘러보고만 오지 않는 것과 같습니다. 직장생활에서 누군가가 한 사원에게 "현

장의 일손이 부족한 것 같은데 아무개 씨가 한번 가봐요"라고 말했을 때, 그 말의 의도는 그 현장을 단순히 '관찰'하고 오라는 뜻이 아닙니다. 우두커니 보기만 하지 말고 가서 몸을 움직여 실질적인 도움을 주라는 말입니다.

'보다'는 생각보다 훨씬 역동적이고 능동적이며 열려 있는 동사입니다. 이 사실을 염두에 두면, 바라보는 것에서 그치지 않고 그다음 어떻게 행동해야 하는지 우리 스스로 알 수 있지 않을까요?

지금 여러분은 무엇을 보고 있습니까?
여러분의 눈에는 무엇이 보입니까?

03
___

신이 있다면
신의 큰 뜻은 '작은 것'에 있다

Si Deus est, sensus eius summus est in minimis rebus

♦ 제가 예루살렘에서 한 달간 머물렀던 숙소에는 어린 아랍인 형제가 있었습니다. 형 아흐마드Ahmad는 다섯 살, 동생 알리Ali는 네 살, 둘 모두 아직 한참 어린 아이들로 늘 밝게 웃는 천사들이었지요. 서울에서는 어린이를 가까이에서 볼 일이 별로 없던 저는 그 아이들이 노는 모습이 마냥 귀엽고 예뻤습니다. 그 나이쯤이면 싸우기도 하고 울기도 하기 마련인데 형제가 참 사이가 좋았습니다.

그러던 어느 날, 형제의 아버지가 찾아왔어요. 그의 손에는 장난감 총과 비닐봉지 하나가 들려 있었습니다. 봉지 속에는 그렇게 좋은 음식은 아니지만 아이들이 좋아할 만한 과자가 잔뜩 담겨 있었지요. 그런데 늘 눈웃음을 지으며 밝은 모습만 보이던 작은 천사, 알리가 계속해서 울기만 하더군요. 그곳에서 지내는 동안 한 번도 그런 모습을 본 적이 없었기 때문에 저는 무슨 일인가 하고 많이 놀랐습니다.

아이의 특별하지 않은 바람

알리가 울었던 이유는 이번에도 팔레스타인의 베들레헴에 있는 엄마를 만날 수 없었기 때문입니다. 저는 그 숙소에 머문 지 3주가 지날 때까지 숙소에서 회계업무를 보던 여성이 형제의 어머니인 줄 알았는데 아니었습니다. 아랍어를 못 하니 늘 그들의 구체적인 삶에 다가가지 못했고, 상상하고 추측만 하는 것이 안타까웠던 순간이었습니다. 어쨌든 사연인즉, 팔레스타인 사람이 분리장벽을 넘어 이스라엘 지역을 오가려면 통행허가증이 있어야 하는데 아이들의 모친은 통행허가증이 없어서 예루살렘에 오지 못했던 겁니다.

통행허가증은 일을 하러 가야 한다거나 일자리를 찾기 위한 사람 또는 병원을 가야 하는 사람에게만 발급해주는데, 이 증명서를 발급받으려면 까다로운 절차를 밟아야 하고 고용주나 기관의 각종 증명서도 필요합니다. 그리고 통행허가증에는 직종에 따라 팔레스타인 지역으로 귀가해야 하는 시간이 각각 다르게 명시되어 있습니다.

늘 사이좋게 놀던 형제가 그날은 엄마를 찾으며 우는데, 그 모습을 보니 제 마음이 몹시 무거웠습니다. 그 시기의 아이에게 엄마는 세상 전부와 같은 존재일 겁니다. 형제의 아버지는 엄마가 보고 싶다고 우는 아이들을 두고 어찌할 바를 모른 채 그저 바라만 보고 있었습니다. 그런 그의 손은 고된 노동으로 마디마디 굵었고 얼굴은 검게 타 있었지요.

세상의 수많은 일 가운데 아이가 엄마를 보고 싶어 하는 바람이 특별한 것일까요? 누군가에게는 아주 당연한 일상이 다른 누군가에게는 몹시 특별한 일이 될 수 있는 것이 인간의 삶입니다. 이럴 때 저는 진짜 신이 있는 것인지 묻게 됩니다. 농담 같은 현실 속에서 진짜 현실을 생각하게 되는 것이지요. 동시에 이런 질문을 이어서 하게 됐습니다.

'그런데 이 아이들에게 엄마를 보여주는 일이 꼭 신이 해결해 줘야 할 문제인가?'

그렇지 않나요? 사실 신에게 도움을 청하기 전에, 또 신의 도움이 지상에 미치지 못해도 인간 스스로 많은 문제를 해결할 수 있다는 것을 우리는 알고 있습니다.

욕망을 위해 신을 파는 인간

2020년이 막 시작되었던 1월 초순, 이란의 혁명수비대 사령관 가셈 솔레이마니 소장이 죽었을 때 예루살렘은 전쟁이 일어날 것만 같이 불안했습니다.* 상공으로 전투기가 지나가는 굉음이 들렸고 항공정찰기가 수시로 하늘을 날았습니다. 하지만 그곳은 역설적이게도 이슬람교, 유대교, 그리스도교 모두의 성지이기 때문에 가장 안전한 곳이기도 합니다. 사람들도 여러 교회 건축물이나 기타 성스러운 장소가 가득한 그 지역을 어느 쪽이든 파괴할 수는 없을 것이라고 믿고 있고요.

서양사 안에서 교회사를 놓고 볼 때, 사람들이 예배와 미사의 공간이 없어서 교회로부터 멀어진 적은 단 한 번도 없었습니다. 교회는 대중이 교회와 멀어지게 된 이유에 대해 세속주의(127-128쪽 참조) 때문이라고 말하지만, 사실은 박해와 시련 때문이 아니라 교회 스스로가 사람들을 교회로부터 멀어지게 한 경우가 훨씬 더 많았습니다. 역설적이게도 유대인 학살이 자행된 아우슈비츠 강제 수용소에서 유대교 신앙은 끝날 것 같았지만 끝나지 않았고, 백인이 남미 대륙과 캐나다 원주민을 그리스도교화 시키는 과정에서 원주민은 죽임을 당하거나 노예가 되면서도 그리스도교를 신앙으로 받아들였습니다. 인간은 자기의 욕망을 위해서라면 신에 대해서조차 조작하기를 서슴지 않았는데, 그럼에도 불구하고 인간은 이런 모순된 상황을 신앙으로, 또 종교로 받아들이며 살아왔고, 살

＊ 2020년 1월 3일 미국이 이라크에서 이란의 해외공작 책임자인 가셈 솔레이마니 소장을 드론으로 살해했으며, 이란은 이에 대한 보복으로 1월 7일 이라크 내 미군 기지에 미사일을 발사했다. 솔레이마니는 이란군의 정예 부대인 이란혁명수비대(IRGC) 중에서도 핵심인 쿠드스군(Quds Force, 중동 지역에서 이란 이슬람정권의 공격적인 팽창정책을 주도)'을 지휘하던 인물이다. '쿠드스'는 성스럽다는 의미로 이슬람에서는 성지 예루살렘을 지칭한다. 쿠드스군은 명분상으로 이스라엘이 장악하고 있는 예루살렘을 되찾는 것이 목표이지만 실제로는 해외에서의 비밀공작을 전담한다. (우태영, 〈솔레이마니와 미국의 애증史〉, 《주간조선》 2591호, 2020년 1월 13일자 기사 참조)

아가고 있습니다.

부조리한 신, 그보다 더 부조리한 인간

〈마태오복음〉 11장 19절에는 예수 시대에 예수를 비난했던 사람들이 예수를 어떻게 불렀는지가 언급되어 있습니다. 성경에 따르면 예수의 별명은 '먹보'요, '술보'였지요.** 그런데 예수가 이렇게 함께 먹고 마셨던 대상은 당시 사람들이 죄인이라고 생각해서 기피했던 사람들이었습니다.

〈마태오복음〉 18장 10절을 보면, 청년 예수는 다음과 같이 말합니다.

Ne contemnatis unum ex his pusillis.

네 콘템나티스 우눔 엑스 히스 푸실리스.

너희는 이 보잘것없는 사람들 가운데 누구 하나라도 업신여기는 일이 없도록 조심하여라.

** 한국천주교주교회의에서 편찬한 성경 판본의 〈마태오복음〉 11장 19절에 "그런데 사람의 아들이 와서 먹고 마시자, '보라, 저자는 먹보요 술꾼이며 세리와 죄인들의 친구다' 하고 말한다"라고 언급되어 있다. 이 부분이 공동번역 성서 판본에는 "사람의 아들이 와서 먹기도 하고 마시기도 하니까 '보아라, 저 사람은 즐겨 먹고 마시며 세리와 죄인하고만 어울리는구나' 하고 말한다"로 번역되어 있다.

위의 성경 구절 속 '보잘것없는 사람들', 이 부분은 한국천주교주교회의에서 편찬한 성경 판본에는 '작은 이들'로 번역되어 있습니다. 우리말이나 라틴어 성경으로는 한 번에 감이 오지 않지만, 그리스어 성경을 보면 '작은 이'를 '미크론μικρων'이라고 씁니다. 영어 '마이크론micron'의 어원이 되는 단어입니다. '작은 이'가 얼마나 작고 보잘것없는 존재인지 확 느껴지지 않나요? 예수의 말은 그런 이조차 업신여기거나 무시하지 말라는 이야기입니다. 그러나 오늘날 그런 사람들이 사회나 교회 안에서 어떤 대접을 받고 있는지 생각해보면 인간의 역사는 서서히 성장을 거듭해온 것 같지만 조금도 달라지지 않은 것처럼 보이기도 합니다.

'작은 이'가 꼭 사람에게만 해당되지는 않을 겁니다. 자연계의 모든 '작은 것'을 함부로 업신여기는 인간의 마음이, 현재진행형의 시대적 암울함을 이어가게 만드는 것은 아닐까요. 엄마를 만나고자 하는 어린 형제의 소원이 그렇게 큰 소원인지 저는 여전히 잘 모르겠습니다. 아이들의 작은 바람 하나 이루어주지 못하는 정치적, 종교적 신념에 얼마나 더 큰 신의 뜻이 있는 걸까요.

부조리해 보이는 신, 그보다 훨씬 더 부조리한 인간! 신의 부조리함보다 인간의 부조리함이 더 크기에 인간은 신앙을 갖는 걸까요? 눈에 보이지도 않는 '작은' 바이러스가 가져온 질병에 전 세계인이 고통받는 때에도 그 안에서 신의 뜻을 찾는 사람들이 있습니다. 인간은 나약함과 사악함 그 사이 어디쯤에서 각자가 믿는 신을 향해 그 뜻을 물으며 종교 생활을 해나가고 있는 듯합니다.

그 부조리함 사이에서 그것을 '신앙의 신비mysterium fidei'로 믿고 살아가는 인간인 저는, 질문하는 인간에게는 분명히 언젠가 어떤 형태로든 답이 온다는 것을 믿으며, '나는 어떠한가'라는 질문을 해봅니다. 아니면 법학자 출신의, 최초의 라틴 신학자인 테르툴리아누스Tertullianus(160?-220?)의 저서《그리스도의 육신De carne Christi(203-206)》에 언급된 그의 말로 답을 대신해야 할까요?

Credo quia absurdum est.

크레도 퀴아 압수르둠 에스트.

부조리不條理(불합리)하기 때문에 나는 믿는다.

04

예수를 배신한 두 사람, 베드로와 유다의 차이

Duo Iesu proditores: differentiae inter Petrum et Iudam *

---

* 이 글은 〈경향신문〉 '한동일의 라틴어 수업 2020' 5월 22일자 칼럼을 바탕으로 정리한 것입니다.

♦ 사람과 사람이 만나서 대화할 때 피해야 하는 대화 소재로 흔히 정치와 종교를 꼽습니다. 서로 생각이 다르거나 이해하지 못해 설전이 시작되면, 아무리 의견을 나눠도 결론은 나지 않고 마음만 상할 대로 상해서 자칫 관계가 깨질 수 있기 때문입니다. 특히 종교가 주제가 될 때, 어느 종교든 그 교리나 가르침을 생각하면 '종교'라는 것을 두고 다툰다는 사실이 씁쓸하지만 현실에서는 그런 일로 갈등하거나 불화하는 경우가 의외로 많습니다.

예전에 대학에서 초급과 중급 라틴어 강의를 할 때 종종 신약성경과 관련된 라틴어 예문을 들어 설명한 적이 있는데요. 간혹 어떤 학생들은 수업이 끝난 뒤에 저를 찾아와 "왜 특정 종교에 대해 이야기하십니까?" 하고 묻곤 했습니다. 그런 경우에 저는 먼저 학생에게 전공이 무엇인지 되물었는데, 그건 학생의 전공에 따라 필요한 설명이 다르기 때문입니다.

한번은 이와 같은 질문을 한 학생이 자신의 전공이 '영문학'이라고 해서, 혹시 해당 학과의 교수님께서 신약성경과 관련된 이야기를 수업 중에 언급하신 적이 있느냐고 물었습니다. 학생은 그렇다고 했고, 저는 이것도 그와 같은 맥락이라고 설명하면서 다음의 이야기를 덧붙였습니다.

대학 강의실은 어디까지나 객관적이어야 하고 특정 신념이나 종교적 믿음을 강요해서는 안 되는 장소입니다. 하지만 그리스도교를 제외하고 서구 유럽의 언어와 역사를 설명할 수 있는 방법은 거의 없다고 해도 과언이 아닙니다. 가령 우리에게도 불교로부터 영향을 받은 언어나 문화, 예술작품이 있는데, 이것과 관련된 역사적 배경과 맥락을 설명하는 것이 불교라는 특정 종교를 강조하는 것은 아닙니다.

나아가 '서양사'는 '교회사'라고 해도 무방할 정도로 종교 권력과 세속 권력 간의 기나긴 투쟁과 암투의 역사입니다. 여기에 관련된 수많은 이야기와 유적, 건축물, 그리고 예술품이 있는데 이마저도 '특정 종교에 대한 이야기'라고 하면서 외면할 수 있을까요? 특히 언어는 이런 시대적, 역사적 특수성에서 영향을 받아 많은 관용어적 표현이 파생합니다. 이런 맥락을 제외하고 그 언어를 온전히 이해할 수는 없습니다. 이런 이유로 번역이 어려운 일이라고 설명하면 학생은 그제야 수긍하고 돌아갑니다.

스승을 배신한 베드로와 유다의 서로 다른 선택

같은 맥락에서 성경에는 실로 많은 인물이 등장하고, 이들을 통해 인간의 변하지 않는 모습을 보여줄 수 있어서 성경 속 인물들은 많은 문학작품이나 예술작품에 등장합니다. 특히 예수의 열두 제자 중 베드로와 유다는 대표적인 배반의 아이콘으로 자주 등장하지요. 베드로는 예수와 3년간 동고동락했으면서도 세 번이나 예수를 모른다고 부인했고, 유다는 결국 스승 예수를 은전 서른 닢에 팔아넘겼습니다.

우리의 일상 가운데에 여러 아픔과 고통이 있지만 가장 잘 안다고 생각했던 이의 배신과 속임, 그리고 의리 없는 행동만큼 깊은 상처를 주는 고통은 많지 않을 겁니다. 이를 구약성경의 〈시편〉은 다음처럼 묘사하고 있습니다. "나를 모욕하는 자가 원수였다면 차라리 견디기 쉬웠을 것을, 나를 업신여기는 자가 적이었다면 그를 비키기라도 했을 것을. 그러나 그것은 내 동료, 내 친구, 서로 가까이 지내던 벗, 성전에서 정답게 어울리던 네가 아니냐. 홀연히들 사라져버려라."(시편 55, 12-14) 신약성경도 베드로와 유다의 배반 이야기를 자세히 전하고 있습니다.

하지만 제자들 가운데 꼭 두 사람만 그랬을까요? 다른 제자들도 모두 당장 자신에게 닥칠 해를 우려하며 스승을 모르는 척하고 멀찍이서 바라만 보았을 텐데, 꼭 이 두 사람만 나무랄 수도 없을 것 같습니다. 만일 그 자리에 제가 서 있었다고 상상해보면 저라고 해서 그들보다 나은 행동을 했을 것이라고 자신할 수 없습니다. 어찌 보면 이런 위기를 모면하고자 하는 행동 자체는 인간으로서 지극히 본능적이고 자연스러운 것이지요. 그저 살면서 그런 어려운 선택의 순간이 내게 오지 않기를 바랄 뿐입니다.

결론적으로, 죽을 때까지 스승을 따르겠다고 다짐했던 베드로와 유다는 모두 자신의 스승을 배신합니다. 다만 그 이후 두 사람이 보여주는 태도는 완전히 다릅니다. 성경은 베드로가 세 번이나 스승을 모른다고 부인한 후, 스승과 눈이 마주쳤을 때 "밖으로 나가 슬피 울었다"라고 전하고 있습니다(루가 22, 62). 반면 유다는 "내가 죄 없는 사람을 배반하여 그의 피를 흘리게 하였으니 나는 죄인입니다"라고 고백하며(마태오 27, 4), 스승을 팔아넘긴 대가로 받은 은전 서른 닢을 성전 안에 내던지고 나와서 스스로 목숨을 버렸다고 전해집니다. 둘의 배신과 배반의 본질은 같은데 무엇이 두 사람을 '살리고' '죽이는' 극과 극으로 갈라놓은 걸까요?

유다의 배신과 그가 죽음을 선택한 이유에 대해서는 각기 다른 해석이 많습니다. 가장 많은 해석으로는 한 사람은 회개했고, 다른 한 사람은 후회하고 자책만 했기 때문이라고 합니다. 또 혹자는 유다가 돈을 관리하는 일을 맡았는데 재물에 대한 욕심에서 비롯된 결과라고도 하고, 스승 예수가 현세의 변혁을 이룰 만한 인물이 아니라고 느끼고 배반했다고 말하기도 합니다. 하지만 그가 왜 스스로 목숨을 끊는 쪽을 선택했는지는 정확히 알 수 없습니다. 그

예수가 체포되기 전날 밤에 기도했다고 전해지는 겟세마니(겟세마네) 대성당의 모자이크
화. 제대 뒤쪽 중앙에는 겟세마니에서 기도하는 예수의 모습이, 왼쪽에는 유다가 예수를
배반하는 순간이 묘사되어 있으며, 오른쪽에는 예수가 붙잡히는 순간이 담겨 있다. 사진은
그중 왼쪽의 모자이크화이다.

래서 모든 해석이 일리 있게 들리기도 합니다.

실패와 마주할 수 있는 힘

학교에서 강의할 때 저를 '선생님'이라고 부르는 학생들이 있었는데, 저는 이 호칭이 다른 어떤 호칭보다 부담스러웠습니다. 인간은 저마다 자신이 안고 있는 어려움과 고통 속에서 살아가며, 궁극적으로는 존경의 대상이기보다 그저 연민과 사랑의 대상일 뿐인데 과연 누가 누구의 선생이 될 수 있는가, 하는 생각 때문입니다.

사실 수많은 인간 가운데 완벽히 도덕적이거나 일관된 덕행으로 존경과 존중을 받을 만한 사람이 과연 얼마나 될까요? 한 사람에 대해서 우리가 과연 다 알 수 있을까요? 오히려 자신이 부족하고 약한 탓에 생긴 결함으로 인해 남몰래 신음하고 아파하며 살아가는 사람이 더 많을 것 같습니다.

인간인 제가 자랑할 수 있는 것은, 남들 눈에 보이는 저의 여러 업적과 성취가 아니라, 사실은 하지 않겠다고 매일 결심하는 일의 반복된 실패입니다. 이루어놓은 업적이 자랑이 아니라 실패가 자랑이다? 무슨 궤변인가 할 수 있는, 일반적이지 않은 논리일 수 있습니다.

제게는 정말 하기 어려운 일, 하기 싫은 일이 '나의 부족함과 실패를 마주하는 것'이었는데, 저는 이제야 그것을 들여다볼 수 있게 되었습니다. 실패와 실수를 마주하기 위해서는 고통스럽고 괴로웠던 그 순간을 다시 떠올려야 합니다. 한없이 작게 부서지고 무너지는 자기 자신을 바라보아야 합니다. 그때는 왜 그랬을까? 그렇게 하지 않을 다른 방법은 없었나? 그게 최선이었던 걸까? 그때 그렇게 하지 않았다면 지금의 고통은 줄어들었을까? 다시 그때로 돌아간다면 나는 어떻게 할까?

처음에는 마치 그런 일이 아예 없었던 것처럼 기억 속에서 그 일을 지워버리고자 했었습니다. 하지만 지우고 감추려고 해도 그 기억은 결정적인 순간에 더 선명하고 또렷하게 다가와 저를 괴롭혔지요. 무엇보다 나이가 들고 세월이 흘러도 실패했던 그 어느 한 순간에 머물러 있다는 점이 고통스러웠고, 거기에서 조금도 나아가지 못했다고 느꼈습니다. 그러니 살기 위해서라도 그 순간에서 벗어나야만 했는데, 그러려면 나의 실패와 정면으로 마주해야만 했습니다. 어떤 실패는 내 힘으로도 어쩔 수 없는 것이기도 했지만, 일상에서 맞닥뜨린 대부분의 실패는 나의 선택에서 비롯된 것일 때가 더 많았습니다. 저는 힘들지만 그것을 들여다보기로 했습니다.

실패할 기회를 허락하는 사회

스승 예수를 배신한 이후 베드로와 유다가 보이는 모습은 완전히 달랐는데, 저는 그것이 이들이 살아오는 동안 자신의 실패에 대해 어떤 선택을 해왔는지, 즉 삶의 태도와 방식에서 비롯된 것이라고 보았습니다. 여기에서 누가 의인이고 누가 악인인지에 대한 구분은 불필요합니다. 그 같은 선택 앞에 선 인간은 누구나 한없이 나약한 존재이기 때문입니다. 그런 점에서 베드로와 유다가 극명하게 차이를 보여준, 실패를 마주하는 태도와 그것을 마주하는 힘이 무엇인지에 대해 생각해보게 됩니다. 모든 문제 해결은 마주하기 싫은 것을 마주보는 것에서부터 시작합니다. 그렇게 보기 싫은 것을 마주해나가는 것이 삶의 여정이며 일상의 진보가 아닐까 합니다.

나이가 들어감에 따라 돌아가신 부모님과 그 연배의 세대가 존경스러울 때가 많습니다. 그들이 어떤 업적을 남겼기 때문이 아니라 '자신들에게 주어진 그 신산한 삶을 어떻게 살아냈을까'에 대한 경의라고 해야겠지요. 어려운 시대에 성장한 것에서부터 직장을 얻고, 결혼을 하고, 아이를 낳아 키우고, 장성한 자녀를 결혼시키고, 자신의 노년을 맞기까지, 그 어느 것 하나 쉽지 않았을 겁니다. 어디에도 어려움을 호소할 길이 없었음에도 불구하고 묵묵히 삶의 무게를 지고 걸어온 분들입니다.

아픔 없는 사람이 어디 있으며, 고통 없는 사람이 어디 있겠습니까? 어찌 보면 인간은 각자 남에게 말할 수 없는 아픔과 고통이 있다는 점에서 평등한지도 모릅니다. 인간은 그렇게 아파하고 신음하고, 때로는 자신의 실패와 마주함으로써 성장합니다. 그러나 오늘날 우리는 미래 세대에 좋은 대학에 가고 좋은 직장에 취직해 안락한 삶을 사는 법만 강요할 뿐, 실패할 기회를 주지 않고 다시 일어설 시간을 기다려주지 않는 것 같습니다.

이제 부모가 자식에게 물려주어야 할 유산은, 한 번에 잃을 수도 있는 많은 돈이 아니라 실패의 시간을 버티고 살아갈 수 있는 건강한 태도와 정서일 것입니다. 실패를 마주할 수 있는 용기와 그것을 바라볼 수 있는 힘도 포함입니다. 그것을 해낸 사람은 자기가 약해졌을 때 오히려 강해질 수 있음을, 멈춰 섰을 때 더 멀리 나아갈 수 있음을 알게 될 것입니다.

닭이 울기 전까지 스승 예수를 세 번이나 부인한 베드로가 울며 회개한 것으로 알려진 베드로 회개 기념 성당. 흔히 '닭 울음 성당(Galli Cantu)'이라고도 부른다.

05

할 수 있는 것과
할 수 없는 것

Quod fieri potest et quod fieri non potest

♦ 보통 서아시아 일대를 일컬어 '중동中東'이라고 부릅니다. 이스라엘도 여기에 포함이 됩니다. 사실 '중동'이라는 말에는 유럽의 시선이 담겨 있습니다. 유럽의 관점에서 본 극동極東과 근동近東의 중간 지역을 의미하는 말이니까요. 저는 이스라엘에서 지내는 동안 이 지역의 문화를 보며 우리가 지극히 서구적인 관점에서 이슬람을 이해하고 있다는 생각이 들었습니다. 동시에 아랍어와 히브리어를 공부해야겠다는 생각도 더 절실해졌습니다. 언어를 배우는 것은 문화를 아는 아주 좋은 방법이기 때문입니다.

또 한 가지, 이스라엘에서는 인종에 따라 차별이 있다는 것을 체험을 통해 알게 됐습니다. 이스라엘은 유대인과 아랍인, 그리고 다양한 기타 민족으로 구성되어 있는 다민족 국가입니다. 이 중에서 '유대인'은 모두가 아는 대로 이스라엘 사회의 주류에 속하며 전체 인구의 70퍼센트 이상을 차지하고 있습니다. 이들은 히브리

민족에서 기원한 민족적, 문화적 유산을 공유하는 사람들로, 유대교를 전통적인 신앙으로 가지고 있지요. 유대교로 개종한 사람도 태어날 때부터 유대인이었던 사람과 동등한 유대인으로서의 지위를 갖기 때문에 유대인 사회의 구성원은 꽤 다채롭다고 할 수 있습니다. 하지만 주류 유대교에서는 개종이 어려운 일이라고 생각해 권장하지 않는다고 합니다. 유대인과 비유대인이 결혼하는 경우에는 대부분 신분에 대한 문제가 불거지는데, 어머니 쪽이 유대인이면 그 자녀는 자동적으로 유대인 신분을 갖게 됩니다.

이스라엘 사회에서 아랍인은 유대인 다음으로 큰 비율을 차지하고 있지만, 이들은 2등 시민도 아닌 3등 시민입니다. 아랍인은 다시 아랍계 그리스도인, 아랍계 팔레스타인인, 아랍계 가자 팔레스타인인으로 나뉩니다.

그런데 이스라엘에서 독특한 지위와 색을 가지고 있는 이들이 있습니다. 바로 드루즈Druze인입니다. 이들은 드루즈교 신앙을 가진 아랍인으로, 아랍어를 쓰는 아랍인으로서의 정체성은 있지만 스스로 무슬림은 아니라고 생각합니다. 1957년 이스라엘이 드루즈교를 독립적인 종교 단체로 인정하면서 이들의 신분은 더욱 안정되었고, 현재 이스라엘에만 14만여 명의 드루즈인이 살고 있습니다. 또한 드루즈인도 이스라엘 국민으로서 정식으로 군에 입대합니다.

이스라엘에서 지내는 동안에는 하루에도 몇 번씩 1970년대와

2020년대를 오가는 것 같았습니다. 유대인 지역은 부유하고 팔레스타인 지역은 너무 낙후했기 때문이었지요. 제가 머물던 곳만 해도 하루에 전기가 몇 번이나 나갔는지 모릅니다.

기도 소리가 없는 평화

유대교의 새해는 9월 말 내지 10월 초순입니다. 왜 이렇게밖에 말할 수 없는가 하면 유대인의 역법은 우리나라를 비롯해 전 세계에서 가장 보편적으로 사용하는 그레고리력(태양의 위치를 기반으로 하여 정해진 역법 체계인 태양력의 하나)과 달의 변화에 따른 음력을 혼합해서 사용하기 때문입니다. 유대인은 기본적으로 음력을 사용하지만, 양력에 의해 조정되는 독특한 달력을 쓰면서 명절과 계절을 조화시킵니다.

이슬람의 달력도 음력을 기반으로 하다 보니 새해는 매해 달라지는데, 이슬람은 대체로 8월에 새해를 맞습니다. 2020년 이슬람의 새해는 8월 19일이었습니다. 이렇다 보니 저는 2020년의 첫날을 예루살렘에서 맞았지만 아무런 설렘도 기대도 행사도 없는 그런 새해를 보냈지요. 1월 1일 한 해의 첫날, 2020년 새해 달력을 사러 갔을 때, 상인이 저를 보고 새해가 지난 지가 언제인데 새해 달력을 찾느냐며 시큰둥한 표정을 지었는데, 이후에 유대교와 이슬람의 역법을 알고 보니 당연한 일이었습니다.

결국 그렇게 무덤덤하게 새해를 맞으며 예루살렘에서 지낸 지 2주가 넘은 어느 날이었습니다. 그날 처음으로 새벽마다 모스크 첨탑에서 크게 울리는, 이슬람의 새벽 기도 시간을 알리는 알림 소리를 듣지 못했습니다. 늘 그 소리에 잠을 설치거나 깼는데 그날은 아무 소리도 듣지 못한 채 곤히 잠든 겁니다. 그러나 습관이 무서운 것이, 잠자는 와중에도 '오늘은 첨탑의 기도 소리가 없네'라고 생각했다는 겁니다. 제가 듣지 못한 게 아니라 '기도 소리가 울리지 않았다'라고 여겼던 것이지요. 비록 잠에 빠졌기 때문이지만 기도 소리가 들리지 않던 예루살렘 아침의 고요와, 그 순간 제가 느꼈던 평화를 잊지 못합니다. 한편으로 온 세상이 평화롭게 느껴졌던 이유가 기도 소리를 듣지 못했기 때문이라는 역설은 많은 생각을 불러일으켰습니다.

유한한 존재인 인간은 영적인 존재를 통해 영원과 소통하기를 갈망합니다. 고대 시대부터 생각해보면 그 대상은 때로 나무이기도 했고, 바람이나 태양, 달과 별이기도 했으며, 또 유일신이기도 했습니다. 인간은 언제나 자신의 바람과 갈망, 평화를 기원하고 기도할 대상을 필요로 합니다. 그런데 그날 아침, 저는 그 고요 속에 누운 채로 **인간이 기도하지 않는 세상이 될 때, 그때야말로 인간 세상은 평화로워지지 않을까** 생각했습니다.

날이 완전히 밝은 뒤에 일어나 주변 사람들에게 오늘 아침에 첨탑의 기도 소리가 없었냐고 묻자, 이곳에서 기도 소리가 없는 날

은 하루도 없다는 답이 돌아왔습니다. 제가 그 소리를 듣지 못했다고 하니, 누군가가 저더러 이제 이곳 생활에 적응했다는 증거라고 말하며 웃더군요. "기도 소리가 없는 날은 하루도 없다"라는 게 현실이었지요. 저는 너무 깊은 잠에 들어 큰 꿈을 꾼 겁니다.

다른 삶을 통해 나를 마주하다

사는 공간이 달라지면 거기에 맞춰 신경 써야 할 것도 달라지는 게 당연합니다. 하지만 이스라엘에서 제 생활방식은 한국에서 살던 때와 크게 다른 게 없었습니다. 그도 그럴 것이 그곳에서 저는 그저 잠시 머물다 지나가는 순례객일 뿐이었으니까요. 다만 20년 전에 방문했을 때와 다른 점이 있었다면, 앞서 잠깐 말씀드린 대로 사물이나 현상을 바라보는 태도와 관점이 달라졌다는 것입니다.

과거 청년 시절에는 글과 사진으로만 보던 유적지를 내 눈으로 직접 볼 수 있다는 사실 그 자체에 마음이 설렜습니다. 배낭 하나 메고 길거리에서 파는 빵 하나로 허기를 때우며 걷고 또 걸어도 마냥 행복했던 때였지요. 그러나 20년 만에 그곳을 다시 찾았을 때는 예전에 찾았던 유적지를 다시 방문하더라도 건물이나 과거의 자취가 아닌, 현재 그곳에서 살고 있는 사람들의 얼굴과 살아가는 모습, 일상에 시선이 가기 시작했어요.

어떤 사람들은 지역에 따라서 편차가 있는 사회 기간 시설을 보고 이스라엘을 후진국이라고 말하기도 합니다. 인터넷 속도는 느리고, 대중교통망이 잘 갖추어져 있지 않고, 물건에 가격표가 붙어 있지 않아 불편하다고도 하고요. 유대인 지역에는 상점마다 상품에 가격표가 붙어 있는 경우가 대부분이지만, 팔레스타인 지역으로 넘어오면 가격표가 없고 물건을 살 때마다 흥정을 해야 합니다. 현지 시세를 잘 모르고 흥정에도 익숙하지 않은 이방인으로선 내가 지금 제값을 주고 물건을 사고 있는 건지 의심스러울 때가 한두 번이 아닙니다. 택시를 탈 때도 마찬가지입니다. 택시를 타기 전에 목적지를 말하고 택시비를 정하지만 막상 목적지에 도착하면 다른 비용을 요구할 때도 있습니다. 저 역시 모든 게 낯설고 당황스러웠어요. 하지만 이런 삶의 양식을 놓고 우리보다 '낫다' 혹은 '못하다'라고 구분하기보다 그냥 우리와 '다른 삶'을 살고 있구나, 생각했습니다. 우리나라도 살기 힘들었던 시절이 있었으니까요. 그 시절에 소매치기도 많았고 택시 바가지요금도 흔했지만, 그런 단편적인 모습으로 다른 나라 사람이 우리나라 전체를 업신여기고 낮춰 봤다면 누구든 결코 유쾌할 수는 없었을 겁니다.

다른 사람들의 삶을 바라본다는 것은 단지 그들의 삶을 제삼자의 위치에서 보는 게 아닙니다. 그들 삶 속에 투영된 내 삶을 보는 일이기도 합니다. 타인의 삶을 통해 우리는 내 삶에서 풀리지 않는 문제에 대한 해답을 찾거나 풀 길이 없는 문제를 내려놓는 힘을 얻기도 합니다. 저 역시 이스라엘에서 유대인과 아랍인의 삶을 바라보면서 다시 우리의 삶, 제 삶을 마주보게 되었습니다.

'식별'이라는 단어가 있습니다. '분별하여 알아봄'을 의미하는 이 말은 라틴어로 '디스크레티오discretio'입니다. '갈라놓다, 분리하다, 식별하다'라는 의미의 '디셰르노discerno'라는 동사에서 파생된 명사이지요. 이 단어는 베네딕토 성인의 중용사상을 나타내는 말로, "과격하거나 지나치지 않음과 깊은 생각에서 나온 절도 있는 태도"를 가리키는 단어로 사용되었습니다.

저는 이스라엘에서 지내는 동안 이 식별이라는 단어를 다시 생각해보았습니다. 새벽의 기도 소리는 이른 시간에 잠을 깨워 힘들었고, 물건을 살 때 피할 수 없는 흥정의 과정은 때로 피로했어요. 시시때때로 들리는 폭발음이나 총성은 쉽게 익숙해질 수 있는 것이 아니었고요. 그곳에서 마주하는 많은 상황과 사건들은 제가 '어찌할 수 없는 것'이었습니다. 그때 저는 거기에 있었고, 그곳에 머물러야 했으며, 제가 맞닥뜨린 상황은 제가 바꿀 수 없었습니다.

저는 꽤 어린 나이부터 제가 할 수 있는 것과 할 수 없는 것을 식별하고, 어찌할 수 없는 것에 대해서는 단념하고 미련을 두지 않고 살아왔습니다. 이런 태도는 특별히 철학적이거나 다른 깊은 뜻에서 비롯된 것은 아닙니다. 세상에 태어나서 만난 최초의 타자인 부모의 삶을 통해 체득하게 된 자세였습니다.

제가 고등학교 3학년 때 대입 학력고사가 있던 날, 아침부터 부모님이 다투셨습니다. 그 시험은 지금의 수능과 같은 것입니다. 여느 집 부모 같으면 아무리 화가 나는 일이 있더라도 대입시험을 앞둔 자녀를 위해서 좀 참았을 텐데, 제 부모님은 그렇지 않았습니다. 그날 아침 저는 소란 속에 빈속으로 조용히 집을 나섰고, 그런 채로 시험을 보러 갔습니다. 중학교 시절부터 제가 할 수 있는 것과 할 수 없는 것을 구분해왔으므로 그때라고 해서 부모님의 모습에 큰 영향을 받지는 않았습니다. 다만 씁쓸했던 마음은 기억이 납니다. 어쨌든 분명한 사실은 부모님은 제가 어떻게 할 수 있는 영역이 아니라는 것이었습니다. 저는 제가 이야기한다고 해서, 뭘 어찌한다고 해서 두 분의 생각과 행동이 바뀌지 않을 것을 일찌감치 알았고, 일찍부터 그 문제에 대해 불평하기보다 제가 할 수 있는 일에 집중하기 시작했습니다.

　고등학교를 졸업하고, 대학에 가고, 로마에서 유학하던 중에도 내내 마치 전장 속에 있는 것 같았지만, 그때도 현실적으로 제가 할 수 있는 것과 할 수 없는 것을 냉정하게 구분했던 것 같습니다. 그때는 공부만이 유일하게 제가 할 수 있는 일이었고, 그 외의 문제는 제가 해결할 수 없는 영역이었어요. 무엇보다 가장 힘들었던 것은 '사람'이었습니다. 가까운 친구라고 생각했던 이들이 실은 나의 마음과 달랐고, 고통스러운 시기에 잠시 기댈 수 있는 가족이 없다는 사실이 참 마음 아팠습니다.

　하지만 부모님을 비롯해 어느 누구든 자기가 무엇을 어떻게 하고자 마음먹고 행한 사람을 변화시키는 일은 제가 '할 수 없는 일'에 속했습니다. 저는 그 앞에서 '그럼 나는 그저 불평만 하는 사람으로 남을 것인가?' 자문하게 됐습니다. 제가 그 질문에 내놓은 답은, '그저 나의 일상을 살자. 불평과 탄식은 이 순간 나에게 필요 없는 일이니 한숨과 함께 날려 보내자'였습니다. 그리고 그런 탄식과 한숨이 제 기도가 되었습니다. 이것이 '나를 살리는 1분'의 시작이었습니다.

이렇게 아주 단순하게 시작한, 할 수 있는 것과 할 수 없는 것에 대한 구분은 내적 성찰을 거듭해가면서 '식별'이라는 지혜로 남았고, 저는 지금까지 살아오면서 그 힘으로 불필요한 감정을 덜어낼 수 있었습니다. 저는 지금도 여전히 제가 맞닥뜨리는 문제들 앞에서 차가운 이성으로 좀 더 명확히 제가 할 수 있는 것과 없는 것을 구분해나가면서 살고 있습니다.

종종 많은 이들이 자기가 어쩔 수 없는 것에 휘둘려 힘겨워하곤 합니다. 가정, 학교, 회사와 같은 조직 안에서나 사람들 사이에서나 내가 풀 수 없는 문제가 있기 마련입니다. 그런 문제들 앞에서 우리는 잘 살펴 분별해야 합니다. 예루살렘의 새벽을 깨우는 기도 소리를 멈출 수 없는 것처럼 할 수 없는 일은 내려놓아야 합니다.

우리는 우리가 생각한 것보다 훨씬 더 가치 있는 존재이고 어제까지 그래 왔던 것처럼 오늘도, 내일도 그렇게 잘 걸어갈 수 있습니다. 나의 한숨이 웃음으로 바뀌는 그날까지 길 위에서 멈춰 머무르지 않고 계속해서 걸어가기. 이것이 제가 선택한, 내가 할 수 있는 일입니다. 가슴 속에 무엇을 품든 우선 우리는 살아가야 하고 그 과정에서 때론 많은 것은 한숨으로 날려 보내야 합니다. 그 한숨이 내 속에 계속 남아 자꾸 작아지는 나의 모습을 보지 않으려면 말이지요.

당신은 어떤 것을 한숨으로 날려 보내고 싶은가요?
날려 보낸 그 한숨 속에
당신이 꿈꾸고 있는 것은 무엇인가요?

06

함께 견디는 아픔,
함께 나누는 고통

Repugnare una dolori, communicare aegrimonias

♦ 2020년 1월 초, 동방 교회의 성탄절에 베들레헴에 있는 예수 탄생 교회에서 집전하는 미사에 참석했습니다. 그곳은 가톨릭의 프란치스코 수도회와 그리스 정교회가 교회 건물을 반반씩 나누어 쓰며 관리하는 특별한 곳입니다. 그날 미사가 끝난 후, '성 빈센트 자비의 수녀회'에서 운영하는 어린이 보호시설에 들렀습니다. 그 시설은 광야에 버려진 아이들을 구해와 돌보고 있었는데, 영아에서부터 초등학교 진학 이전의 어린이 40명가량이 지내고 있었지요.

무슬림 사회에서는 원치 않는 임신으로 태어난 생명이 생기는 경우 아기를 광야에 내다 버린다고 합니다. 제게 설명해주던 안내인은 연신 이 아이는 어느 광야에서 상자에 담겨 버려져 있던 아이였고, 저 아이는 또 어느 광야에서 구해왔다, 하면서 아이들이 이곳에 오게 된 사연을 이야기했습니다. 그런데 공교롭게도 그날은 마침 제 조카 부부가 쌍둥이를 낳은 날이었고, 그날 아침에 저는 한국에서 보내온 조카 손주의 사진을 보고 한참을 기뻐했었지요. 그리고 난 뒤 오후에 그곳에서 유기되었다가 구조된 아이들을 보니 가슴이 꽉 막혀오는 것 같았습니다. 제가 할 수 있는 일은 한 가지밖에 없었습니다. 얼마간 준비해 간 돈을 아이들을 위해 써달라고 수녀님들께 드리고 돌아왔습니다.

변하지 않는 인간의 본성과 사고

어느 시대든 인간은 특별히 거룩하지도, 그렇다고 속되지도 않습니다. 사랑하고 사랑받고 싶은 마음, 성에 대한 호기심 등과 같은 본능에서 자유롭지 않습니다. 본능과 본성에 대한 문제에서 만큼은 종교적 심성이나 의지도 그렇게 효과적으로 작용하지 않을 때가 있습니다. 그리스도교인이든 무슬림이든, 인간은 어떤 신앙을 가지고 있든지 간에 인간 본성에서 완전히 자유롭지 않고요. 주의를 기울이지 않으면 참혹한 일도 일어날 수 있습니다. 앞에서 말한 것처럼 무슬림 여성이 원치 않는 임신을 하게 되면 태어난 아이를 광야에 내버리는데 이를 두고 '명예 살인'이라고 합니다.

고대 로마의 관습에 따르면 기혼 여성이 아이를 출산하면 가장pater familias은 아이를 땅으로부터 들어올리는 행위를 통해 아이를 자기 자녀로서, 또 가족 구성원으로 받아들인다는 뜻을 상징적으로 드러내 보였습니다. 이를 '톨레레 리베룸tollere liberum(자녀를 들어올림)'이라고 일컬었는데, 로마 시민은 세상에 '자식을 낳는다'라고 여기기보다 '자녀를 들어올린다'라고 생각했습니다.

　이 톨레레 리베룸을 하지 않으면 부자 간의 연을 끊는 것을 뜻했지만 법적으로는 의미가 없었기에 생략해도 무방하긴 했습니다.[1] 하지만 통상적으로 아버지가 자녀를 들어올리는 행위를 하지 않으면 그 아기는 문 앞이나 쓰레기장에 버려졌고, 그러면 누구든 원하는 사람이 아이를 데려다가 기를 수 있었다고 합니다. 만일 출타 중인 가장이 아이를 낳은 아내에게 그렇게 하라고 할 수도 있었지요. 이 시대 지중해 지역의 그리스인이나 로마인, 이집트인과 유대인은 태어난 자식을 모두 거두어 키우는 것을 오히려 이상하게 생각했다고 합니다.

　저는 그곳에 좀 더 머물며 과연 무엇이 명예인지 생각하게 되었습니다. 이슬람 사회가 무엇보다 명예를 중요하게 여긴다고 하지만 그것은 비단 이슬람 사회만 그런 것은 아닙니다. 어느 사회나 명예와 명분을 중요하게 생각합니다. 명예가 더럽혀지면 스스로 생명을 거두는 일조차 생기기도 합니다.

　표준국어대사전에서는 '명예'를 "세상에서 훌륭하다고 인정되는 이름이나 자랑. 또는 그런 존엄이나 품위" "어떤 사람의 공로나 권위를 높이 기리어 특별히 수여하는 칭호"라고 정의합니다. 문화나 사회적 배경에 따라 '명예'의 개념이 조금 다를 수 있지만, 그런 문화적, 사회학적인 배경에서 정의하는 '명예' 말고 우리가 진정 생각해야 할 명예는 무엇일지 돌아봅니다.

그날 그곳에서 저는 누군가의 아픔, 실수와 실패가 불명예가 아니라, 누군가의 아픔이나 실패를 받아들일 수 없는 사회나 공동체가 불명예스럽다고 느꼈습니다. 진정한 명예는 누군가의 아픔이나 실패를 받아주고 어루만지며, 다시 일어설 수 있도록 돕는 데에 있지 않을까요? 그럴 수 있는 개인이나 사회가 명예로운 것이 아닐까요?

보이지 않는다고 없는 것이 아니다

합법적인 관계 안에서 태어나지 않은 아이들, 육체적으로나 정신적으로 불편한 사람들, 사회적으로 소외받은 이들처럼 우리 사회에는 여러 가지 이유로 어려움과 고통에 직면한 이들이 존재합니다. 우리는 이들을 눈에 보이지 않는 곳에 두려는 경향이 있어요. 하지만 우리 눈에 보이지 않는다고 해서 존재하지 않는 것이 아닙니다.

그때 베들레헴에서 방문했던 어린이 보호시설의 안내인은 팔레스타인의 입양법이 바뀌기 전까지 그 시설에서 보호 중인 영아와 아이들 중 상당수가 유럽 국가로 입양 보내졌다고 말해주었습니다. 대체로 이탈리아 가정으로 많이 입양되었다고 했는데, 이야기를 듣다 보니 제게도 생각나는 한 이탈리아 가정이 있었습니다.

2002년 우리나라 국민 모두가 한·일 월드컵으로 기뻐하던 때, 저는 방학을 맞아 이탈리아 북서부에 있는 스타차노Stazzano라는 아주 작은 마을에서 지내고 있었습니다. 그곳에 머무는 동안 현지 인을 만나서 이야기도 나누며 이탈리아어 실력을 향상시키고 싶었 지요. 그때 어떤 가족을 만났는데, 부모와 세 자녀로 구성된 5인 대 가족이었어요. 그중 첫째 아이만 부부 사이에서 태어난 아이였고, 나머지 두 아이는 모두 입양된 아이였습니다. 특히 휠체어에 앉아 있던 막내는 언뜻 보기에도 정말 몸이 많이 불편해 보였어요. 아이 어머니에게 물어보니, 체르노빌 원전 사고 때 피폭된 아이라고 했 습니다. 24시간 보호가 필요한 아이였지요. 그 어머니는 다니던 직 장을 그만두고 아이들을 돌보는 데 전념하고 있다고 했고요. 그날 보통 건강하고 예쁜 아이만을 입양하고 싶어 하고, 실제로도 그럴 것이라는 제 안의 선입견이 깨졌습니다.

있는 것을 없다고 말할 수 없습니다. 종교와 전통적 가치관은 존재하는 것을 존재하지 않는 것처럼 취급한다고 할지라도, 인간 의 이성과 법은 존재하는 것을 존재하지 않는다고 말할 수 없습니 다. 왜냐하면 인간은 '콤파시오compassio' 할 수 있는 존재이기 때 문입니다.

접두사 '콤com-'과 명사 '파시오passio'의 합성어인 이 단어는 '공동의 고통'이라는 의미의 라틴어로, 여기에서 '연민'과 '동정'이라는 단어가 파생하게 됩니다. 라틴어의 접두사 '콤' '콘con-' '코 co-'는 '쿰cum'이라는 전치사에서 유래한 접두사인데, 이 'cum'이 라는 전치사에는 '함께, 같이, 더불어'라는 의미가 있습니다. '고통, 열정, 수동 감정'이라는 의미의 명사 'passio'와 접두사 'com-'이 더해져 누군가의 고통과 아픔, 열정을 함께 나눈다는 의미의 연민 과 동정이라는 뜻이 파생한 것이지요. 라틴어 명사 'passio'는 '당 하다, 감당하다, 견디다, 고통받다, 쾌락이나 욕정에 빠지다'라는 의미의 동사 '파티오르patior'의 과거분사에서 파생한 명사입니다. 그런 의미에서 '콤파시오'의 진정한 의미는 '함께 감당하다, 함께 견디다'라는 뜻이 아닐까 생각해봅니다.

프랑스의 실존주의 철학자 사르트르Jean-Paul Sartre는 '존재하 지 않는 것을 생각하는 능력'을 언급하면서, 인간은 존재하지 않는 것과 아직 존재하지 않으나 존재할 가능성이 있는 것을 그려볼 수 있는 유일한 동물이라고 말했습니다. 이 능력 덕분에 인간은 종교 와 예술, 과학과 기술의 영역에서 진보와 성취를 이룰 수 있었다는 것이지요. 그리고 이 중에서 가장 대표적인 것이 부재하는 실재인 '신神 개념'이라고 했습니다.[2] 사르트르의 견해처럼 인간은 존재하 지 않는 것을 생각하는 능력이 있는 존재인 만큼, 내 눈앞에서 목 도되는 누군가의 고통과 아픔을 인식하고, 함께 나누는 능력도 당 연히 가지고 있지 않을까요?

르네상스 시대의 최고 인본주의자 프란체스코 페트라르카

Francesco Petrarca(1304-1374)는 1348년 12월 2일, 그의 동생 게라르도Gherardo에게 보낸 편지에서 아래와 같이 말한 바 있습니다.

> 시인의 수업은 종교인이나 신학자에 의해 비난받지 말아야 함을 알려준다. 왜냐하면 시인의 수업은 비르길리우스Virgilius의 〈파르테니아스Parthenias〉라는 제목에서 발췌한 시들의 숨겨진 의미를 열어주기 때문이다. (…) 사실 시학은 결코 신학에 반대되는 것이 아니다. 이상하게 여겨지는가? 신학은 거의 신에 관한 시학이라고 말할 수 있다.Poetarum lectionem religiosis viris atque theologis haud improbandam esse demonstrat: et Eclogae suae, cui titulus Parthenias, arcanam aperit significationem. (…) Theologiae quidem minime adversa poetica est. Miraris? Parum abest quin dicam, theologiam poeticam esse de Deo.[3]

현대의 종교는 인간과 신에 대해 과연 어떤 시를 쓰고 있을까요? 그 사이에서 우리는 어떤 노래를 부르고 있을까요? 위의 글을 보며 오늘날 많은 종교 공동체가 사람의 마음을 꿰뚫어 심금을 울리는 신에 관한 시를 썼으면 좋겠다는 바람을 가져봅니다.

07

신이 우리를 필요로 하는 것이 아니라, 우리가 신을 필요로 한다

*Deus non indiget nostri, sed nos indigemus Dei**

---

* 이 글은 〈경향신문〉 '한동일의 라틴어 수업 2020' 4월 24일자 칼럼을 바탕으로 정리한 것입니다.

♦ 오늘날 우리는 다문화 사회의 한 요소인 다양한 종교가 공존하는 '종교 백화점'과 같은 사회에서 살아가고 있습니다. 모든 종교적 이념은 이웃을 배려하고 서로를 존중하며 살아가기를 희망하지만, 현실은 그렇지 못한 경우가 더 많습니다. 다른 종교적 신념을 가진 이들을 배려하고 존중하기보다 자신이 믿는 종교만이 참되고 옳다고 주장하는 종교적 배타주의를 더 많이 목격하게 되지요. 극단적인 종교 배타주의는 자신과 다른 신념을 가진 이들을 죄악시하거나 구원받아야 할 대상으로 폄훼하기도 합니다. 이런 잘못된 신념이 더 강해지면 다른 종교적 신념을 나타내는 그림이나 조각 등을 파괴하거나 모독하는 일까지도 벌이게 됩니다.

이 때문에 종교적으로 다른 신념을 가진 사람이나 특정한 종교를 갖지 않은 사람들은 이런 행위를 자행하는 종교에 대해 극도의 피로감과 함께 모멸감을 느끼기도 합니다. 종교적 반감은 생각보다 강하며, 종교가 사회에 좋지 않은 영향을 끼친다고 생각해서 종교 자체에 배타적 감정을 느끼는 사람이 많아지고 있습니다. 자신의 종교적 신념만이 옳다고 주장하는 것은 점차 다문화, 다인종, 다종교화 되어가는 오늘날 우리 사회에 앞으로 더 큰 갈등을 초래하며 사회 통합에 커다란 걸림돌이 될 수도 있습니다.

　우리나라에서 가장 많이 알려진 한 조사기관에서 1984년부터 시작한 한국인의 종교에 대한 조사 보고서[1]는 여러 가지를 생각하게 합니다. 이 조사에서 '종교를 가진 사람'의 비율은 조사를 시작한 1984년 44퍼센트에서 2004년 54퍼센트까지 늘었으나, 2014년에는 50퍼센트, 2021년 조사에서는 40퍼센트로 줄었습니다. 또한 2000년대 이후 종교인 감소가 가장 두드러진 연령대는 청년층으로 보입니다. 2004년에는 20대의 45퍼센트가 종교를 가지고 있었지만, 2014년에는 31퍼센트, 2021년 22퍼센트로 줄었어요. 30대의 종교인 비율 역시 2004년 49퍼센트였지만 2021년 30퍼센트로 감소했습니다. 또한 종교에 대한 호감도 조사에서 비종교인 중 '호감 가는 종교가 없다'라고 답한 사람이 2004년 33퍼센트에서 2021년 61퍼센트로 두 배 가까이 늘었습니다.

　실제로 전 세계 인구 중 10억 명 이상의 사람들이 오늘날 '종교가 없는religiously unaffiliated(종교적으로 무소속)' 상태이며, 미국인과 유럽인 5명 가운데 1명이 거기에 포함되고, 영국인의 경우에는 거의 절반이 거기에 포함된다고 합니다. 미국에서는 특히 밀레니

얼 세대의 40퍼센트가 그 어떤 신앙에도 소속되어 있지 않은데 이는 '기독교인 감소unchurching'를 추진한 요인이라고도 하지요.[2] 우리나라를 비롯해 전 세계적으로 20, 30대의 탈脫종교 현상은 종교 인구의 고령화와 전체 종교 인구의 감소로 이어지고 있습니다.

오늘날 종교는 일상에서 아무런 영향을 미치지 못하다가 일요일 하루, 성탄절, 석가탄신일과 같이 정해진 날 등 특정한 상황에서만 '기호 식품'처럼 취해지고 있는지도 모르겠습니다. 그럼에도 불구하고 종교 시설을 찾아가 종교 행사에 참여하는 그 하루만이라도 '내 종교' '내 공동체'에 속하지 않은 타인에 대한 배타성을 버리고, 이웃과 사회에 대한 배려와 존중의 태도를 생각하며 기도하고 실천하면 좋겠다고 생각해봅니다.

예수가 안식일에 대해 어떻게 생각했는지 살펴보면, 그가 무엇을 중요하게 여겼는지 알 수 있습니다. 여기에 제 생각이나 해설을 담지 않고 성경 문구 그대로를 옮겨봅니다.

안식일이 사람을 위하여 있는 것이지, 사람이 안식일을 위하여 있는 것은 아니다.(마르코 2, 27)

안식일에 착한 일을 하는 것이 옳으냐? 악한 일을 하는 것이 옳으냐? 사람을 살리는 것이 옳으냐? 죽이는 것이 옳으냐?(마르코 3, 4)

다름을 인정하지 못하는 이유

사실 객관적이고 이성적으로 타 종교를 인정한다고 말하기는 하지만, 내면 깊숙한 곳에서 '내가 가진 종교가 옳다, 내가 믿는 종교가 더 낫다'라는 마음이 생기는 것은 어쩔 수가 없는 것 같습니다. 설령 자기가 현재 믿고 있는 종교가 구조적으로 권위적이거나 혹은 세속적이라고 할지라도 마음 깊은 곳에서는 그런 생각이 들 수 있습니다.

간혹 어떤 사람들은 자기 종교 교리에서 벗어난 세상의 일이나 존재를 부정하고 배척하기도 합니다. 나의 믿음에 위반하는 이들은 나의 이웃이 아니게 되는 겁니다. 이는 어찌 보면 자연스러운 일입니다. 믿음의 속성이 본래 그렇기 때문입니다. 그 속성 덕분에 종교와 종교 공동체가 유지되기도 하고, 또 그 때문에 근본적으로 변화하기 어려운 부분도 있습니다. 그러나 자기 본능이나 자기 믿음에 매몰되면 타자와 바깥의 세계를 인정하기 어려워집니다. 믿음 안에 존재하는 이런 본능과 한계를 그대로 표출하기보다 그것을 제어하는 내·외적 장치를 통한 사고를 해야 타인과 사회와 오해나 갈등이 생기지 않을 수 있습니다.

저는 그 장치가 법과 이성이라고 생각합니다. 모든 헌법상의 자유가 종교의 자유에서 비롯되었고, 법과 이성은 민주사회를 뒷받침하는 제일 중요한 장치이기 때문입니다. 이것은 우리들 마음 깊은 곳에 존재하는, 내 종교와 타 종교를 똑같이 인정하고 싶지 않은 본능적인 마음을, 똑같이 인정하려고 '노력하는' 이성적인 마음으로 나아가도록 균형추를 잡게 하는 힘입니다.

저는 자식을 낳아 길러본 경험이 없지만, '열 손가락 깨물어 안 아픈 손가락이 없다'라는 말의 뜻을 곰곰이 생각해본 적이 있습니다. 그리고 '열 손가락 깨물면 모든 손가락이 아프지만, 그중 조금 더 아픈 손가락이 있을 수 있다'라는 생각에 이르렀지요. 세상 어머니들에겐 더 아프고 안타까운 자식이 있을 수 있습니다. 유독 병약하게 태어나서 하고 싶은 걸 맘껏 못하는 자식, 공부하고자 했는데 제대로 뒷받침을 못 해주었던 자식, 혹은 순종적이고 착하기만 해서 늘 어딘가 치이는 것 같은 자식… 부모라면 이런 자식에게 뭐라도 더 해주고 싶은 마음이 들지 않을까요? 다만 부모는 이렇게 속으로는 자식을 편애할 수 있지만 겉으로 드러내지 않으려고 노력하는 것이지요. 모든 자식에게 똑같이 해줄 수 없더라도 아이들이 가능한 한 공평하게 느낄 수 있도록 행동해서 상처받지 않도록 애쓰는 겁니다. 저는 그것이 부모의 거룩한 이성이라고 봅니다.

믿음이 가지는 배타성을 법과 이성이 제어한다고 볼 때, 지금까지 이들의 관계는 그리 유기적으로 작동했던 것 같지는 않습니다. 전작 《법으로 읽는 유럽사》에서도 언급한 적이 있지만, 아마도 이 둘 사이의 새로운 관계는 현재 탐구가 진행 중인 외계 생명체나 지구와 비슷한 환경의 행성이 발견될 때 가능할지도 모릅니다. 그 같은 발견은 그리스도교가 주장하는 창조론의 수정을 불가피하게 만들 테니까요. 물론 그런 발견에도 종교계의 입장은 큰 변화가 없을 수도 있습니다. 각 종교마다 창조에 관한 이야기와 과학의 논리는 다르다고 주장할지도요.

만일 그 같은 발견이 실제로 일어난다면 변화는 오히려 보통 사람들 사이에서 일어나겠지요. 아메리카 대륙이 발견되었을 때, '내가 속한 세계가 전부'라는 서구인의 믿음이 깨지며 세계와 인간에 대해 인식이 확장되었던 것처럼 말입니다. 공간 인식에 대한 확대는 단순히 공간의 확장에 그치지 않을 거예요. 우주와 세계에 대한 가치관이 달라질 테고, 인간 자신에 대한 존재론적 성찰과 가치관의 변화를 초래하는 계기가 될 겁니다. 이렇게 변화되고 확장된 사고를 토대로 법과 종교에 대해서도 새로운 관점과 태도를 정립하게 되겠지요.

신이 우리를 필요로 하는 것이 아니라 우리가 신을 필요로 한다

그리스도교인은 주일이면 미사나 예배를 드리러 교회에 갑니다. 다른 종교인도 자신이 믿는 종교 교리에 따라 각자의 종교 행사에 참여하고요. 우리는 예배와 기도를 통해 신을 찬미하는 것이 신을 기쁘게 해드리는 행위라고 믿고 있습니다. 그런데 가만히 다음의 성경 구절을 읽어보면 신이 진정으로 필요로 하는 것이 과연 무엇일까 생각하게 됩니다. 구약성경 〈이사야서〉의 "진정한 예배"

부분은 이렇게 말합니다.

> "하늘이 나의 보좌요, 땅은 나의 발판이다. 너희가 나에게 무슨 집을 지어 바치겠다는 말이냐? 내가 머물러 쉴 곳을 어디에다 마련하겠다는 말이냐? 모두 내가 이 손으로 지은 것이 아니냐? 다 나의 것이 아니냐?" 야훼의 말씀이시다. "그러나 내가 굽어보는 사람은 억눌려 그 마음이 찢어지고 나의 말을 송구스럽게 받는 사람이다."(이사야 66, 1-2)

과연 신이 인간으로부터 필요로 하는 것이 무엇일까요? 신은 그 자체로 완벽한 지성이므로 인간에게서 취하고 싶은 것이 달리 있을 것 같지 않습니다. 저는 때로 신은 인간의 찬미도 필요하지 않을 것이라는 생각도 해봅니다.

신이 인간을 필요로 하는 게 아니라 인간이 신을 필요로 할 뿐입니다. 인간사의 고통은 줄어들지 않고 우리는 그 괴로움을 줄이고자 삶의 대소사부터 존재론적 문제에 이르기까지 많은 것을 두고 기도로 청합니다. 기도를 통해 마음의 고통을 줄일 수는 있지만 예배에 참여하지 않고 기도하지 않았기 때문에 인간이 고통을 당하는 것은 아닙니다. 신에 대한 찬미와 감사의 기도가 부족해서 고통받는다고 생각할 수는 없습니다. 정말 그런 것이라면 저는 그런 신은 믿고 싶지 않습니다.

인간의 고통은 인간 사회가 만들어 온 구조적인 문제가 그 원인일 수 있습니다. 그 탓에 서로에 대한 연민과 사랑이 사라진 사회에서 이웃끼리 서로 고통을 주고받는 것일지도 모릅니다. 그러므로 나 자신이나 내가 믿는 종교의 모습을 돌아보지 않고, 신을 믿지 않는 사람이나 나와 종교가 다른 사람을 지적하고 비난하며 배타적인 태도를 보이거나, 그를 구제해야 할 죄인으로 보며 다가가지 않아야 합니다.

'억눌려 그 마음이 찢어진 사람'을 굽어보는 신이라면 그런 이웃에게 손을 내밀어 돕는 사람도 어여삐 굽어볼 겁니다. 신에게 '소를 죽여 바치는 자가 사람도 죽여 바치고, 양을 희생 제물로 바치는 자가 개의 목을 꺾어 바치는'(이사야 66, 3) 상황이 세상에서 얼마나 많이 일어나고 있습니까?

신을 거룩하게 만드는 것도 인간이고, 신을 옹졸하게 만드는 것도 인간입니다. 인간은 더 이상 자신이 필요로 하는 신을, 인간의 욕망에 따라 옹졸하고 속 좁은 또 다른 '인간'처럼 만들지 않아야 합니다.

Deus non indiget nostri, sed nos indigemus Dei.
데우스 논 인디제트 노스트리, 세드 노스 인디제무스 데이.
신이 우리를 필요로 하는 것이 아니라, 우리가 신을 필요로 한다.

08

페니키아인의 협상법

*Phoenicum navigationis artes**

* 이 글은 〈경향신문〉 '한동일의 라틴어 수업 2020' 6월 19일자 칼럼을 바탕으로 정리한 것입니다.

♦ 레바논은 이스라엘의 북쪽과 국경을 접하고 있는 나라입니다. 대한민국처럼 패권 국가들에 둘러싸여 있어서 조용히 살고 싶어도 그럴 수 없는 나라이기도 합니다. 십자군 전쟁 때는 셀주크 튀르크와 십자군 사이에서 쟁탈의 대상이 되었고, 오스만 터키의 지배하에 있기도 했으며, 프랑스 통치하에 놓이기도 했었지요. 그 이후에는 이슬람교와 그리스도교 간의 갈등으로 내전이 벌어지기도 했고요. 지금도 이스라엘과 시리아, 이집트, 요르단에 둘러싸여 역사적, 정치적, 외교적인 갈등 속에 놓여 있다 보니 이 지역에서 긴장 상태는 여전히 일상이고 분쟁도 많습니다.

저는 2006년 7월, 초대를 받아 레바논에 처음으로 방문할 계획이었습니다. 떠나기 전날, 여행에 필요한 준비를 모두 마치고 조금은 홀가분하게 '레바논은 어떤 나라일까?' 생각하며 가벼운 기대와 설렘으로 가득 차 있을 때 국제전화가 걸려왔습니다. 전화를 걸어온 사람은 저를 초대한 은사님이자 정신적 멘토인 한나 알안 주교님이었습니다.

그분은 다급한 목소리로 지금 이스라엘이 레바논을 침공했고 공항이 폭격당하고 있어서 여행이 어려우니 비행기 표를 취소하라고 말씀하셨습니다. 저는 너무 놀라고 황망했지요. 여행을 못하게 되어서 실망했다기보다 그곳에 있는 지인들의 안전이 극도로 걱정되었습니다. 그 사건이 '2006년 이스라엘-레바논 전쟁'*입니다. 다행히 지인 중 인명 피해는 없었지만 그때의 폭격으로 인해 레바논은 적잖은 피해를 입었습니다.

그때로부터 5년 뒤인 2011년, 저는 레바논을 방문할 수 있었고, 레바논에 처음 도착했을 때, 수도인 베이루트 시내 곳곳에서 총탄의 흔적을 쉽게 발견할 수 있었습니다. 2006년 당시에 이스라엘의 공격을 받아 긴박했던 순간이 그대로 전해져왔습니다.

미국 드라마나 영화에서는 레바논 사람을 미개하거나 폭력적인 모습으로 그리는 경우가 많은데, 저는 레바논의 지인들을 통해 그들의 삶에 한 발 더 가까이 다가갈 수 있었지요. 이번에 말씀드릴 이야기는 그중 한 가지입니다.

---

* 레바논에 기반을 둔 시아파 이슬람 무장투쟁 조직 '헤즈볼라'가 이스라엘 병사 두 명을 납치한 것에 대한 보복으로 2006년 7월 13일 이스라엘 육군이 탱크를 이용해 레바논의 도시를 공격한 사건이다.

2006년 7월 20일 이스라엘 군의 폭격으로 베이루트 시내 곳곳의 많은 건물이 파괴되었다.

예수를 감동시킨 시리아 페니키아 여인

영어의 알파벳은 페니키아인에 의해 처음 만들어졌는데 이들의 후손이 레바논 사람입니다. 알파벳을 처음 체계화한 만큼 이들은 타고난 언어 감각을 가졌지요. 그 흔적을 레바논의 비블로스 Byblos라는 곳에서 발견할 수 있습니다. 기원전 15세기 무렵 우가리트에서 알파벳 자음을 사용했는데, 이 문자 체계가 크레타섬과 미케네에 전해져 선형문자 B인, 일명 미케네 문자가 되었습니다. 이것이 그리스 문자의 원형이며, 인도 서쪽에서 사용하는 거의 모든 문자의 조상이 되는데 그것이 바로 페니키아 문자입니다.

페니키아라는 명칭은 '자주색'이라는 의미의 그리스어 '포이닉스φοῖνιξ'에서 유래했습니다. 기원전 8세기경에 활동한 고대 그리스의 시인 호메로스Homeros에 따르면, 이 색을 처음 발견하고 염색에 이용한 사람들이 페니키아인이라고 합니다. 라틴어로 페니키아인은 '푸니쿠스punicus' 또는 '포에니쿠스poenicus'라고 부릅니다. 역사적으로 로마와 카르타고 사이에 벌어진 세 차례의 전쟁을 '포에니 전쟁'이라고 하는데요. 이는 카르타고가 오늘날의 레바논인 페니키아의 식민 도시였기 때문에* 페니키아인을 지칭하는 '포에

---

* 포털이나 일반 문서에서는 카르타고가 페니키아의 식민 도시였다고도 하지만 고대인은 식민 개념보다는 속인주의(출생 시의 부모의 국적에 따라서 국적을 결정하는 원칙) 개념이 강했기 때문에 현대 인류보다 문화적, 종교적 충돌 자체가 훨씬 적었다.

니poeni'에서 유래한 말입니다.

레바논은 레바논산맥 때문에 시리아 지역과 교류가 단절되어 일찍부터 바다로 진출할 수밖에 없었습니다. 그 덕분에 해상 무역업에 탁월한 수완을 발휘했어요. 우리나라가 위로는 북한이 있고 나머지는 삼면이 바다로 둘러싸여 섬과 같은 나라가 된 것과 비슷하게, 레바논도 이런 지정학적인 이유 때문에 이슬람이 세력을 확장하는 와중에도 그리스도교가 그 명맥을 유지할 수 있었습니다.[1]

페니키아인은 고대부터 선박 기술이 뛰어났고, 대략 이집트 제4왕조 시대인 기원전 2613-2498년부터 이집트와 활발히 교역해 무역업이 활발했습니다. 그래서 그런지 이들은 셈이 빠르고 정확하며 뛰어난 협상 능력을 보여줍니다. 이러한 내용은《레바논 사람처럼 협상하기》[2]란 책을 봐도 잘 알 수 있습니다. 저는 이 책의 저자인 하비브Habib를 2008년 5월 로마에서 만난 적이 있는데, 그는 레바논 사람의 문화와 정신세계를 서구의 시선이 아니라 객관적이고 역사적인 사실에 기초해서 인식해주길 바란다며 자신의 책을 제게 선물해주었습니다.

경영학자이자 협상 전문가인 하비브는 책에 여러 가지 비즈니스 요령을 설명하는 협상법을 나열해두었는데요. 그 가운데 제 눈에 들어온 것은 바로 '시리아 페니키아 여인의 믿음'이라는〈마르코복음〉 7장 24-30절의 성경 내용이었어요. 이 내용은〈마태오복음〉15장 21-28절에도 나오는데 좀 길지만 인용하면 다음과 같습니다.

예수께서 거기를 떠나 티로와 시돈 지방으로 가셨다. 이때 그 지방에 와 사는 가나안 여자 하나가 나서서 큰 소리로 "다윗의 자손이시여, 저에게 자비를 베풀어주십시오. 제 딸이 마귀가 들려 몹시 시달리고 있습니다" 하고 계속 간청하였다. 그러나 예수께서는 아무 대답도 하지 않으셨다. 그때에 제자들이 가까이 와서 "저 여자가 소리를 지르며 따라오고 있으니 돌려보내시는 것이 좋겠습니다" 하고 말씀드렸다. 예수께서는 "나는 길 잃은 양과 같은 이스라엘 백성만을 찾아 돌보라고 해서 왔다" 하고 말씀하셨다. 그러자 그 여자가 예수께 다가와서 꿇어 엎드려 "주님, 저를 도와주십시오" 하고 애원하였다. 그러나 예수께서는 "자녀들이 먹을 빵을 강아지에게 던져주는 것은 옳지 않다" 하며 거절하셨다. 그러자 그 여자는 "주님, 그렇긴 합니다마는 강아지도 주인의 상에서 떨어지는 부스러기는 주워 먹지 않습니까?" 하고 말하였다. 그제야 예수께서는 "여인 아! 참으로 네 믿음이 장하다. 네 소원대로 이루어질 것이다" 하고 말씀하셨다. 바로 그 순간에 그 여자의 딸이 나았다.

역사적으로 레바논의 티로와 시돈(오늘날의 사이다)*은 예언자 이사야와 에제키엘이 지나갔던 곳이자 예수도 방문한 도시입니다. 그곳에서 예수는 이방인 여인과 만나게 되지요. 이스라엘 민족은 자신들도 이집트 땅에서 이방인으로 고생했고 고통을 경험했기에,

이방인은 특별한 관심을 기울여야 할 대상이자 하느님(하나님)의 백성이 사랑해야 할 이웃으로 여겼습니다. 물론 그렇다고 해서 이스라엘이 이방인의 낙원이라고 말할 수는 없겠지만요.

이러한 시각에서 예수가 "자녀들이 먹을 빵을 강아지에게 던져주는 것은 옳지 않다"라고 말하자, 그 여인은 "주님, 그렇긴 합니다마는 강아지도 주인의 상에서 떨어지는 부스러기는 주워 먹지 않습니까?"라고 답합니다. 성경에서 직접적으로 설명되지 않았지만 아마도 예수는 여인의 이 말에 마음이 움직이지 않았을까요?

협상과 설득의 마지막 카드

페니키아의 이 여인이 바로 오늘날 레바논 사람입니다. 그리스도교에서 신으로 여기는 예수를 감동시킨 사람은 성경에 그리 많이 등장하지는 않습니다. 한 아이의 어머니인 여인은 본능적으로 어떻게 해야만 자신의 아픈 아이를 살릴 수 있을지에 대해서만 생각했을 겁니다. 그녀는 원하는 결과를 얻고자, 자신을 돌려보내려고 하는 예수의 제자들 사이에서 소리를 지르며 예수께 다가가

---

* 티로는 현재 레바논의 항구 도시로 예수 시대에 지중해 연안 최대의 도시였다. 시돈은 티로에서 북쪽 40킬로미터 지점에 있으며 레바논의 세 번째 도시로, 아랍어 사용권이라 '사이다(Saida)'라고 불린다.

려 했습니다.

하지만 예수에게서 되돌아온 답은 모욕적이리만큼 냉랭했습니다. 이때 페니키아 여인은 포기하지 않고 더 큰 용기와 믿음을 가지고 현명하게 말합니다. 그녀는 자신이 원하는 것이 무엇인지, 또 그것을 얻기 위해 어디로 가야 하고 누구를 찾아가야 하는지 정확히 알고 있었습니다. 분리와 배척의 상징인 이방인의 낙인에도 불구하고, 자신이 목표한 바를 얻기 위해 집요하지만 무례하지 않게, 진심을 담아 상대방을 설득하며 다가가지요. 아마도 예수는 이 여인과의 대화를 통해서 사고와 인식의 외연이 확장되었을지 모릅니다.

이 페니키아 여인의 이야기는 이미 잘 알고 있는 일화였음에도 불구하고 다시 생각해보게 됐습니다. 그 여인의 이야기가 '과연 나는, 그리고 우리는 스스로 무엇을 원하고 바라는지 명확히 알고 있는가' 하는 질문을 던지고 있기 때문입니다. 이 사회에 소속되어 일하며 먹고살아가는 우리는 서로 상충되는 욕망과 필요 속에서 상대를 설득하고 협상해야 하는 때가 많습니다. 그러나 궁극적으로 자기 자신이 무엇을 원하는지 모르는 상태라면 온전한 설득과 협상은 불가능할 것이고, 어떤 방식으로 어디까지 상대를 설득해야 하는지도 불분명해질 겁니다. 설령 이것을 안다고 하더라도 그 것을 얻기 위해 제대로 된 방식으로 청하고 있는지도 생각해봐야 합니다.

신에게 드리는 기도 역시 마찬가지입니다. 오늘날 우리는 신에게 많은 것을 원하고 바라면서 기도합니다. 하지만 자신이 어떤 미래를 희망하는지, 어디로 가야 할지 정확히 방향을 모르면 올바른 기도에서 벗어나게 됩니다. 타인에게 무언가를 갈구하기 전에 자신이 무엇을 희망하는지, 그 희망의 방향성이 맞는지, 그것을 위해 구체적으로 어떻게 행동해야 하는지, 거기에서 나아가 신에게 무엇을 어떻게 청해야 하는지 끊임없이 스스로에게 되묻고 성찰해야 하지 않나 생각해봅니다.

그러자면 페니키아 여인이 그랬던 것처럼 모든 정치적, 사회적, 이념적 장벽을 넘어서야 할 수도 있습니다. 그리고 그 일은 진심을 통하지 않고는 결코 가능하지 않습니다. 설득하는 자의 진심은 최선이자 최후의 협상 카드일 겁니다. 우리는 진정 무엇을 원하며 그것을 위해 무엇을 하고 있는지 생각해봐야 하는 때입니다.

Desidero ergo exerceo.

데지데로 에르고 엑세르체오.

나는 욕망한다. 그러므로 나는 실천한다.

09

수도복이
수도승을 만들지 않는다

Habitus non facit monachum

♦ '어떻게 팔레스타인 지역을 중심으로 발흥한 그리스도교가 지중해 전역으로 급속히 전파되었을까?'

고등학생 때 천주교에서 세례를 받고 신앙을 갖게 된 이후 늘 궁금했던 질문입니다. 예수가 행한 여러 기적과 치유에 관한 이야기가 있다고 해도, 대중이 그렇게나 빨리 그리스도교를 신앙으로 받아들인 데에 대한 궁금증이었지요. 그 의문을 파고들어 그리스와 이스라엘의 광야, 레바논의 산하를 걷고, 그곳에서 잠시 머무르기도 하면서 답을 찾고자 했지만 제 안에 자리 잡은 이 질문은 쉽게 풀리지 않았습니다. 어머니 태중에 있을 때부터 자연스럽게 가르침을 받은 모태 신앙인이 아니었던 영향도 있었을 겁니다. 인간은 무엇인가를 '그냥' 믿을 수 없는 존재이기에, 아무리 놀라운 이야기라고 하더라도 대중이 받아들일 수 있는 상식적이고 기본적인 토대가 있어야 이야기에 대한 파급력이 생길 거라고 생각했습니다. 그래서 청년 예수에 관한 이야기, 그의 죽음과 부활에 관련한 이야기, 초기 그리스도교 공동체에서 논쟁이 되었던 삼위일체에 관한 믿음은 그 당시 사회에서 대중적으로 널리 통용되는 이야기의 바탕 위에 있을 거라고 짐작했습니다.

그러한 맥락에서 공부를 해보니, 예수 시대의 지중해 세계에는 이런 믿음에 발판이 되는 신비주의적인 종교 이야기가 많았고, 그 이야기들이 사람들이 그리스도교를 받아들이는 데 훌륭한 통로 역할을 해줬다는 걸 알 수 있었습니다. 가령 그리스도교에서 가르치는, 인간을 구원하기 위해 자신 자신을 희생하고 죽어간 신의 모습과 부활에 관한 이야기는 새로운 것이 아니라 지중해 지역 사람들에게도 잘 알려진 익숙한 이야기였다고 합니다. 이집트인의 경우에도 삼위일체의 신을 숭배하고, 최후의 심판과 인간의 불멸성을 믿었으며 성스러운 모자母子를 숭앙했다고도 전해집니다.

또한 1세기 로마 제국에서 가장 중요한 신흥 종교 중 하나인 페르시아의 신 '미트라Mithra'에 대한 숭배도 있었습니다. 미트라는 인류를 위한 중재자로서 이 세상에 온 인물이며, 그의 탄생일은 12월 25일로 기념되었고, 그를 숭배하는 성찬식에는 빵과 포도주를 사용했다고 합니다.

(…) 동방박사(마기)와 목자들이 예수의 탄생을 경배한 내용은 미트라의 탄생일에 목동이 황금을 예물로 바친 것과 비슷하

다. 예수의 탄생일로 알려진 크리스마스의 날짜는 미트라의 탄생일과 연관이 있다. 미트라의 생일은 12월 22일로 우리가 말하는 동지, 즉 낮이 밤보다 길어지기 시작하는 날이다. 앞에서 언급한 대로 이란에서도 '샵에얄다'라는 절기로 지키고 있다. 이 날짜가 오랜 시간이 지나고 여러 실수가 생기면서 12월 25일로 바뀌었는데 로마 국교회에서 이를 예수 그리스도가 탄생한 날로 대체하여 지금까지 지켜지고 있다. (…) 이 외에도 기독교의 가장 중요한 의식 중에 하나인 성찬식, 즉 예수 그리스도의 생명의 떡과 피의 잔도 미트라 의식 중 하나였다.[1]

이렇게 지중해 지역에는 여러 신과 종교에 관한 이야기가 이미 존재했습니다. 그런 까닭에 사도 바오로(바울)가 이 지역에 예수의 가르침을 전파했을 때, 인간의 속죄를 위해 십자가에 매달려 죽었다가 부활한 예수와 그의 승천에 관한 이야기, 그리고 예수를 받아들이는 사람들에게 영원한 생명이 약속된다는 이야기를 이 지역의 사람들이 그렇게 생소하게 여기지 않고 큰 거부감 없이 받아들일 수 있었을 겁니다.[2]

여기에 팔레스타인 사람들의 놀라운 이야기 전달력도 한몫했습니다. 이들에게 언어의 다름은 오히려 이야기를 풍부하게 전달하는 요소로 작용합니다. 팔레스타인 사람들과 한 달여가량 함께 지내면서 그들의 이야기 전달력에 놀라곤 했던 기억이 있습니다.

가령 제가 한국에서 겪었던 단순한 개인적인 체험을 복음과 연관 지어 설명하면, 그들은 그 일화를 그들의 언어로 다시 되돌려 들려주곤 했는데, 그때의 이야기는 정말 아름답고 감동적으로 들렸습니다.

그렇게 예수에 관한 이야기는 지중해 지역에 이미 널리 퍼져 있던 신화나 전설 덕분에 이 지역 사람들에게 이질감 없이 스며들었고, 여기에 팔레스타인 사람들의 놀라운 이야기 전달력이 더해지면서 급속도로 퍼져나가게 됩니다. 이것이 다시 그리스도교만의 고유하고 독특한 프리즘으로 해석되고, 그렇게 해석된 예수에 대한 체험은 확신으로 바뀌고, 그 확신이 믿음으로 형성됐을 겁니다.

나아가 그리스도교 신학사의 중심에는 초세기부터 이어지는 교부들의 신학과 그리스도교에 영향을 준 네 가지 원천, 즉 유대교, 로마 문화, 그리스 문화, 그리스도교 고유 원천이 있었습니다. 그리스도교가 정착되는 과정에서 교회 외적으로는 여러 다른 종교와 그리스도교를 비판하는 세력에 맞서는 호교론護教論*이, 교회 내적으로는 이단에 맞서는 정통 교리에 대한 숙고가 이어지게 됩니다. 그리고 이러한 내용이 주요 보편공의회(종교회의)들을 통해 공인되는 수순을 밟게 되지요.

---

* 종교의 비합리성·비과학성을 비판하는 사람들에 대하여, 종교는 초이성(超理性)인 것이지 반이성(反理性)은 아니라고 설명하는 학문으로 신학의 한 분야다.

대성당들의 시대

신에 대한 믿음이 생기고 신을 믿는 사람이 늘어나면, 인간은 그 신을 경배하고 예배할 장소를 찾기 마련입니다. 초기 그리스도교 공동체 역시 그리스도교가 국교로 인정되고, 교회가 점차 제도와 권력의 특성을 갖춰나가면서 이전에 로마의 신들을 경배했던 장소인 신전 위에 예배 장소를 짓거나 신전을 바꿔나가기 시작합니다. 로마 한복판에 있는 판테온 근처의 '산타 마리아 소프라 미네르바 대성당Basilica di Santa Maria sopra Minerva'은 이름 자체가 '미네르바 신전 위에 지어진 성모 마리아 대성당'이라는 뜻입니다.

절대자 신을 향한 인간의 쉼 없는 경배는 시간이 갈수록 신을 경배하기 위한 장소를 더 크고 더 화려하게 만들었습니다. 거기에는 종교적 거룩함도 있지만, 인간의 세속적 야망도 투영되어 스며들게 되지요. 유럽을 여행해보신 분들은 알 겁니다. 유럽 각국의 도처에는 웅장하고 화려한 성당이 존재합니다. 실제로 그 위용이 대단해서 보통 유럽 여행을 하게 되면 아름다운 양식의 성당 건축물을 둘러보는 일정이 빠지지 않습니다. 여행객들은 그 건축물 자체의 아름다움에 감탄하고 그곳에 있던 순간을 기억하고자 합니다. 저 역시 그 위용에 감탄하지만 그러다가도 신을 예배하는 장소가 이토록 화려할 필요가 있었을까 싶어집니다.

하지만 종교 건축물들은 외형적 아름다움 이전에 그것이 세워진 시대, 문화와 떼려야 뗄 수 없는 의미와 이야기를 지닙니다. 따

이탈리아 피사에 위치한 피사 대성당(Duomo di Pisa).

라서 이 건축물들에 대해 한 발짝 더 들어가 알아보는 일은 우리로 하여금 그 시대의 정신문화와 종교문화를 들여다볼 수 있게 해준다는 점에서 의미가 있습니다. 저는 로마 유학 중에 유명한 교회 건축물들을 볼 기회가 꽤 있었지만 당시에 시험 걱정, 공부 걱정만 하느라 마음이 늘 조급했습니다. 건축에 관심도 많지 않아서 각 건축물의 역사와 문화적 배경, 예술적·건축학적 요소를 거의 알지 못한 채 눈으로만 보았는데 지금 생각해보면 아쉽기만 합니다.

　여기에서는 이탈리아의 수많은 유명한 성당 건축물 중에서 세 개의 성당을 살펴보고자 합니다. 11세기가 되면 이탈리아 반도에는 기념비적인 성당들이 세워집니다. 해상 강국이었던 베네치아에 세워진 '산 마르코 대성당Basilica di San Marco'과 '피사 대성당', 그리고 제2의 솔로몬 궁전Alter Salomon을 꿈꿨던 베네딕토 수도회의 모원母院인 '몬테카시노 수도원Abbazia di Montecassino'이 그곳들입니다.*

　이 시기의 서방 교회 건축은 동방의 철학과 수학, 의학과 여러

---

* '제2의 솔로몬 궁전'을 라틴어식으로 표기하면 '알테르 살로몬(Alter Salomon)'이라고 한다. 솔로몬은 라틴어로 'Salomon'이라고 표기하며, "솔로몬은 라틴어로 '평화로운 사람'을 의미합니다(Salomon quippe pacificus est Latine)"라는 표현이 있다(교부문헌 총서 16,《신국론》, 1869쪽). 베네딕토 수도회의 수도자들은 6세기 롬바르족의 침략을 비롯해 여러 이유에서 파괴된 몬테카시노에 그들의 성당과 수도원을 재건하면서 예루살렘에 있던 솔로몬의 궁전(Solomon's Temple)으로 다시 재현한다는 취지를 내걸었다.

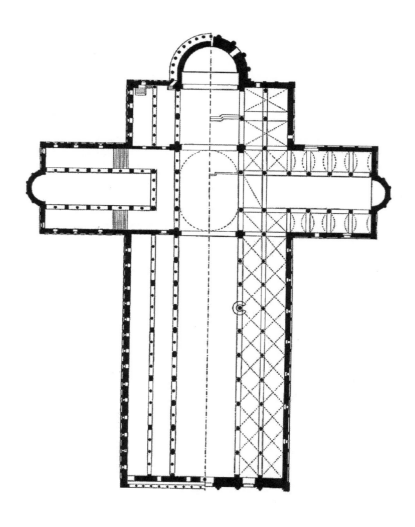

피사 대성당의 평면도. 아랫부분이 긴 라틴십자의 형태를 띠고 있다.

선진 학문을 품은 이슬람과 비잔틴 양식의 영향을 받습니다. 그 영향은 건축물을 통해 상징적으로 드러나는데요. 먼저 토스카나주에 있는 피사 대성당(1063-1092)은 팔레르모Palermo 부근의 해전에서 승리한 기념으로 피사 시민이 건설한 것으로, 십자의 아래쪽이 조금 더 긴 '라틴십자'의 형태를 가지고 있습니다. 대체로 이탈리아의 많은 성당들은 앞의 그림에서 본 형태를 기본으로 약간씩 변형됩니다.

반면 비잔틴 양식의 영향을 받은 동방 교회는 다섯 개의 눈 모양을 지닌 '그리스 십자'의 형태로 지어졌습니다. 사방으로 뻗은 십자의 팔 길이가 같고 십자가 교차하는 부분 위에는 반구형의 거대한 돔 지붕이 장식돼 있으며, 십자 네 개의 팔 중심에 다시 각각 작은 돔 형태의 지붕이 올려져 있지요.

다섯 개의 눈 모양의 건축을 라틴어로 '퀸쿤스quincunx'라고 합니다. 퀸쿤스 형태의 교회 건축물은 시칠리아섬*처럼 동방 교회 이주민 정착지에서 발견되는데요. 그 백미는 베네치아의 '산 마르코 대성당'입니다. '쿠폴라cupola'라고 부르는 돔 형태의 지붕을 가진 산 마르코 대성당은 오늘날 터키 이스탄불에 있는 '거룩한 사

---

* 이탈리아 남서부의 섬. 9세기에 이슬람의 침입을 받고 11세기까지 그 지배하에 있었으며, 그후 노르만인이 정복해 시칠리아 왕국을 세웠다. 프리드리히 2세 치하에서 비잔틴, 이슬람, 노르만의 전통을 받은 독특한 문화가 발전했다.

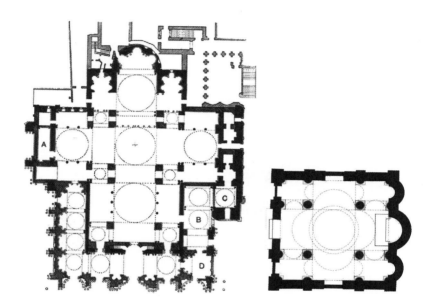

이탈리아 베네치아에 위치한 산 마르코 대성당 평면도(좌)와 이탈리아 남부 오트란토에 위치한 '산 피에트로 교회(Chiesa di San Pietro)' 평면도(우). 이 교회는 비잔틴 건축 양식을 잘 보여주는 대표적인 중세 건축물 중 하나로 알려져 있다.

도 교회Church of the Holy Apostles'와 건축 양식이 비슷합니다. 이 '거룩한 사도 교회'는 이스탄불이 로마 제국의 콘스탄티노폴리스였을 때 콘스탄티누스 대제가 약 330년에 헌납한 건축물로, 성 소피아 대성당 다음으로 중요한 위치에 있었던 교회입니다. 콘스탄티누스 대제가 사망했을 때(337년)까지 미완성이었고, 그의 아들이자 후계자인 콘스탄티누스 2세가 아버지의 유해를 그곳에 묻으면서 완성했다고 하지요.

거룩한 사도 교회 이후 예수의 열두 제자의 이름을 딴 교회 건축물들은 이 교회의 형태로 짓게 되는데, 사도 마르코(마가)의 유골을 보존하기 위해 지어진 산 마르코 대성당(829-832년에 지어졌으며 11세기 말에 현재의 모습으로 재건) 역시 이스탄불의 '거룩한 사도 교회'의 양식에 따라 짓게 됩니다.[3]

그런데 이렇게 화려하고 아름다우며 건축사적으로 가치가 큰 이탈리아의 대성당들은 설계에서 완공까지 엄청난 시간이 걸렸습니다. 앞서 말씀드린 피사 대성당만 해도 30년 가까이 걸렸고, 밀라노 대성당Duomo di Milano은 공사를 시작해 완공되기까지 500년에 가까운 시간이 걸렸지요. 성당이 '완공'된 것은 1951년으로, 대략 6세기에 걸쳐 지어진 셈입니다.

1세기도 채 살지 못하는 인간이 6세기 동안 지은 성당이라니, 가히 '끝이 보이지 않는 일' '해도 해도 끝이 없을 것 같은 일'의 최상급이지 않나요? 살짝 곁가지 같은 이야기지만, 이 때문에 이탈리아에서 '밀라노 대성당'이라는 말은 '끝이 보이지 않는 일'을 비유적으로 표현하는 관용어로 쓰입니다. 누군가 "퀘스토 라보로 에 코메 일 두오모 디 밀라노. 논 피니셰 마이!Questo lavoro è come il Duomo di Milano. non finisce mai!"라고 말한다면, 그건 "이 일은 꼭 밀라노 대성당 같아. 결코 끝낼 수가 없어!"라는 뜻이지요.

입은 옷의 정체성과 무게

이렇게 화려하고 아름다운 대성당들은 시대를 거치면서 더 웅대해지며 그 수를 늘려가기 시작했습니다. 1200년대에서 1400년대에는 교회 건축 열풍이 불어 인구 200명당 한 개의 교회가 있을 정도였지요. 실제로 "프랑스만 하더라도 80개의 주교좌성당, 500개의 대형 교회, 몇만 개의 본당 사목구*를 건축하기 위해 광산에서 석재 수만 톤이 채굴되었다. 프랑스는 고작 3세기 동안 고대 이집트 역사에 사용되었던 것보다 더 많은 양의 석재를 소비했다"라는 기록이 남아 있습니다.[4]

저는 어느 날 서울 시내 카페의 수가 궁금해져서 찾아보았는

---

* 본당 사목구란 천주교 교구장 주교의 권한 아래 본당 신부에게 맡겨진 교구의 한 부분을 말하는 것으로, 우리가 흔히 도심에서 보는 성당을 일컫는 말이다. 이러한 본당 개념의 교회 형태는 동방 교회에서는 2세기부터, 서방 교회에서는 4세기부터 나타났다.

데, 한 일간지 기사에서 1만 8,500여 개라고 하더군요.[5] 서울시 행정동이 424개인데 한 동에 평균 40개가 조금 넘는 카페가 있는 셈입니다. 현재 서울 인구가 2021년 기준 9,589,000여 명이라고 하니 대강 서울 시민 518명당 카페가 1개씩 있다고 보면 될 것 같아요. 이렇게 놓고 보면 13-15세기 프랑스 내의 성당 수는 현재 서울의 카페 수보다 많았다는 이야기가 됩니다.

언젠가 교회 관계자들이 오늘날 로마를 비롯해 유럽의 주요 도시의 역사 문화 보존지역에 있는 성당들이 대부분 텅 비어 있다고 우려하는 걸 들은 적이 있습니다. 그때 '지금이 정상일 텐데'라고 생각했던 기억이 납니다. 교회 건축물이 커지고 많아지는 만큼 그곳을 찾는 인간이 존재론적으로나 종교적으로 더불어 성숙해졌다면 좋았겠지만 역사를 돌아봤을 때 그렇지는 못했던 것 같습니다.

1551년 11월 25일 트리엔트 공의회 제14차 회기의 제6조는 다음과 같이 시작합니다. "에트시 하비투스 논 파치트 모나쿰…etsi habitus non facit monachum…" 이 문장은 "수도복이 수도자를 만드는 것은 아니지만"이라는 뜻입니다. 이 라틴어 문장은 후에 이탈리아어의 관용적인 표현이 됩니다.

L'abito non fa il monaco.
라비토 논 파 일 모나코.
수도복이 수도승을 만들지 않는다.

즉, 수도복을 입었다고 해서 모두 수도자나 성직자가 되지 않는 것처럼 '옷 자체가 그 옷이 지향하는 사람으로 만들지 않는다'라는 의미입니다. 믿음을 따르는 인간은 그 믿음으로 예배하고 경배할 공간을 더 화려하고 웅장하게 만들어나갔지만, 그 안에 머무는 인간은 그 예배의 공간만큼 대단하지도 거룩하지도 않았나 봅니다. 그 때문에 '수도복이 수도승을 만들지 않는다'라는 관용어가 생겨난 게 아니었을까요?

저는 종교적 욕구와 인간의 생리적 욕구가 비슷한 것이 아닐까 생각해봅니다. 막거나 참으려고 하면 더 갈망하게 되는 속성이 비슷하다고 느껴졌어요. 혹 저의 이러한 표현이 불쾌한 분이 있다면 미리 용서와 양해를 청합니다. 어쨌든 둘은 완전히 다른 것 같지만 그렇다고 다르다고도 할 수 없는 인간의 욕구입니다. 이 같은 욕구는 어떠한 방식으로든 풀어야 하는데 어떻게 풀 것인가는 인간이기에 늘 성찰하고 고심해야 하는 중요한 문제입니다.

오늘날 세계에서 각 종교의 수도복을 입거나 성직자의 복장을 한 사람들은 해당 종교의 신자들이 가진 종교적 욕구를 이 사회의 구성원들이 받아들일 수 있는 방식으로 잘 풀어나갈 수 있도록 그 역할을 잘해나가야 하고, 잘해나가고 있는지 돌아봐야 합니다. 그러나 이 문제는 꼭 종교와 관련된 직업군에만 해당하는 이야기는 아닐 겁니다. 종교 지도자, 수도자의 의복과 마찬가지로 이 사회에는 직업적 정체성을 드러내는 의복이나 상징물을 갖고 있는 사람들이 있습니다. 예를 들어 의사 가운, 국회의원 배지 같은 것, 나아가 업과 관련한 공인 자격증 같은 것도 그에 속할 겁니다.

과거 신분 사회에서는 신분에 맞지 않는 옷을 입는 것이 죄에 해당했습니다. 오래전부터 의복은 그 사람의 사회적 지위를 드러내는 중요한 도구였습니다. 오늘날 직업적 정체성을 드러내는 복장은 사회적 지위만이 아닌, 그 직업의 무게와 책임을 요구하기도 합니다. 그것은 특정 직군의 의복이 내포하고 있는 권위를 상징하기 때문인데요. "권위는 휘기 쉬운 밀랍으로 된 코, 다시 말하면 권위는 여러 우유부단한 감정으로 기울어질 수 있다Auctoritas cereum habet nasum, id est in diversum flecti potest sensum"[6]라는 말이 있습니다. 직업적 정체성이 드러나는 옷은 그 옷을 입는 이에게 자신이 하는 일에서 흐트러짐 없이 긴장해야 함을 다시 한 번 주지시키기도 합니다.

그러나 유니폼, 배지, 자격증과 같은 것만이 수도승의 수도복 역할을 하는 것은 아닙니다. 종교는 평범한 사람에게 어떤 의미에서 사회적인 옷일 수 있습니다. 생각해보면 많은 사람이 자신의 종교를 밝히고 큰 성당이나 교회, 사찰을 비롯해 각자 자기가 섬기는 신에게 경배 드리는 성전을 찾아갑니다. 기도하거나, 성경이나 불경을 필사하기도 하지요. 그러나 그 같은 모습 자체가 그를 종교인으로 만드는 것은 아닙니다. 더욱이 그 자신을 거룩하게 만들지도 않습니다. 어쩌면 그것 역시 또 하나의 수도복에 불과할지도 모릅니다. 태도가 그 사람을 보여줍니다. 자기의 종교적 신념이나 가르침이 드러나는 어떤 행동은 우리 사회와 이웃에 그 종교를 비추는 거울이 된다는 사실을 늘 잊지 말아야 합니다.

모든 옷은 그 옷에 합당한 무게를 요구합니다. 옷은 우리에게 그 무게를 지고 나갈 것을, 그 옷에 맞는 삶을 살아갈 것을 끊임없이 요구하지요. 인간의 본성은 늘 자기 문제를 합리화하고 싶어 합니다. 늘 깨어 의식하지 않으면 그 안에 갇히기 쉽습니다. 그러므로 우리는 자기 삶 가운데에서 본인이 입은 옷이 무엇인지, 그 옷의 무게를 잘 견디며 살아가고 있는지 스스로 돌아봐야 합니다.

Timidus vocat se cautum, parcum sordidus.

티미두스 보카트 세 카우툼, 파르쿰 소르디두스.

소심한 사람은 자신을 신중하다고 부르고, 욕심쟁이는 자기를 검소하다고 칭한다.[7]

10

황제의 것은 황제에게,
신의 것은 신께 돌려드려라

Reddite igitur quae sunt Caesaris Caesari et quae sunt Dei Deo

♦ 이탈리아는 어느 도시를 가든 오랜 역사와 함께 쌓인 고색창연하고 기품 있는 수많은 유적지와 문화재를 볼 수 있습니다. 그중 심장부를 꼽으라면 수도 로마와 교황청이 있는 '국가', '바티칸 시국Stato della Citta del Vaticano'이라고 할 수 있을 겁니다.

바티칸은 전 세계 가톨릭의 총본산이라는 의미가 가장 크지만, 미켈란젤로의 명작인 〈천지창조〉와 라파엘로의 〈아테네 학당〉 등 책에서만 보던 훌륭한 예술작품을 직접 눈으로 볼 수 있는, 인류 미술 문화의 보물창고 같은 곳이기도 합니다. 어떤 종교적 신념을 가졌든 로마를 방문하는 여행객이라면 꼭 가보고 싶어 하는 곳인 이유입니다. 실제로 바티칸 시국의 전 영토는 '문화유적 중심지'로 선언되어 유엔의 보호를 받고 있습니다.* 국가 전체가 보호해야 할 문화유적지로 선언되는 일은 전무후무한 일입니다.

이런 이유로 사람들은 바티칸이라고 하면 가톨릭의 본산이자 교황이 사는 곳, 바티칸 대성당과 박물관 정도를 떠올리는데요. 사실 바티칸의 역사는 단순히 종교사적 의미를 떠나서 현대 사회의 정치와 제도에 깊이 영향을 준 뿌리라는 점에서 의미가 있습니다. 이번에는 이 이야기를 해보고자 합니다.

바티칸 시국의 전신인 '교회 국가'와 '교황령'에 대한 자료나 책을 살펴보면, 어느 교황 때 얼마만큼의 영토를 차지했고 어느 교황 때 교황령에 위기가 왔다는 식의 통치자 중심의 관점에서 언급한 내용이 대부분인데요. 이 책에서는 교회 국가와 교황령에 대한 이야기를 하면서 교황을 지지하는 '겔프guelf 당원'이나, 교황청주의자를 의미하는 '쿠리알리스타curialista'처럼 이야기하지 않을 생각입니다. 저는 교회 국가와 교황령을 서양 법제사와 정치사의 관점에서 살펴보려고 합니다.

가장 작은 나라의 탄생

바티칸 시국은 이탈리아의 수도인 로마 안에 있지만 하나의 시市만으로 이루어진 국가로서, 국가가 갖추어야 할 3대 요소인 주

---

* 1954년 5월 14일 체결된 '무력 충돌 시 문화재 보호를 위한 유네스코 협약'의 규정에 따라 '국제 문화재 특별보호 등록사무소'가 1960년 2월 10일 최초로 바티칸에 등록되었다.

권, 영토, 국민을 가진, 세계에서 가장 작은 나라로 알려져 있습니다. '바티칸'이라는 국명은 그리스도 예수가 태어나기 이전부터 있던 말로, 테베레Tevere강 옆의 '바티칸 언덕'을 뜻하는 라틴어 '몬스 바티카누스Mons Vaticanus'에서 유래합니다. 이 작은 나라는 1929년 2월 11일 사도좌Apostolic See와 이탈리아 왕국** 사이에 맺은 '라테라노 조약Patti lateranensi'***과 함께 생긴 국가인데요. '사도좌'라는 말은 교황청이 국가 및 국제기구와의 관계에서 교황청을 가리킬 때 쓰는 용어이고, '성좌Holy See'라는 말은 교황청이 전 세계에 있는 가톨릭교회나 단체와의 관계에서 교황청을 가리키는 용어입니다. 하지만 오늘날에는 이런 구분 없이 사용하기도 합니다.

바티칸, 교황령, 사도좌, 성좌와 같은 개념들은 제가 로마에서 유학할 때 수업에서 배운 것들인데, 이 수업은 제게 너무 어려웠습니다. 수업 내용을 도저히 이해할 수 없어서 울고 싶을 때가 많았어요. 이 같은 용어에서 일반 국가와 다른, 교황청 외교관과 관련한 여러 명칭이 파생됐는데, 그것 또한 쉽게 이해가 가지 않았고

** 1800년대 초반까지 이탈리아 반도는 교황령을 포함해 여러 개의 소국가로 이루어져 있었다. 그러나 1800년대 중반 카르보나리당과 청년이탈리아당의 활동, 이탈리아 통일 전쟁, 가리발디의 나폴리 왕국 점령 등을 거치고 사르디니아 공국 수상 카보우르의 지도하에 1861년 이탈리아 왕국이 성립되었다.

*** '라테란 협정(Lateran Concordat)'은 영어식 표기이고, '라테라노 조약'은 이탈리아어 식 표기이다.

요. 반면 이탈리아 친구들은 공부하는 데 별 어려움을 느끼지 않았습니다. 그들과 저의 차이가 무엇인지 살펴보니 문화와 역사에 대한 이해의 정도가 달랐기 때문이었습니다. 그 친구들은 이미 이런 역사와 상황, 관계에 대해 자연스럽게 듣고 배우며 성장했지만, 저는 이탈리아와 로마, 바티칸에 대한 역사적 배경지식이 거의 없었기 때문에 어려울 수밖에 없었던 것이지요.

다시 본론으로 돌아와서, 라테라노 조약을 준비할 당시 이탈리아 왕국은 교황청을 중심에 둔 이 작은 국가를 '바티칸 시'라고 명명하려 했고, 사도좌는 조약 협상 내내 지속적으로 '바티칸 시국'이 되기를 원했습니다. '시'와 '시국'은 한 글자 유무의 단순한 차이로 보이지만 국제법상 엄청난 반향을 가져올 수 있는 차이였기 때문에 사도좌는 지속적인 외교 협상을 펼쳤고, 그 결과 '바티칸 시국'이라는 명칭을 지키게 됩니다.

바티칸 시국은 스위스와 함께 유엔 비회원국입니다. 이는 바티칸 시국을 건국할 때부터 '중립국territorio neutrale'을 원했던 사도좌의 분명한 의지 때문이었습니다. 우리나라를 두 번 방문했고 한국인에게 친근하게 기억되는 교황 요한 바오로 2세는 1982년 11월 20일 교서에서 이렇게 표현합니다.

"바티칸 시국은 주권 국가이지만 정치 공동체가 갖는 모든 통상적 특징은 없다. 바티칸 시국은 하나의 비정형 국가이다. 바티칸 시국은 사도좌의 영적 자유를 합당하게 수행하도록 보장하기 위하여 존재한다."

그러나 아무리 작은 국가일지라도 바티칸 시국은 자국의 영토, 인구, 최고 독립적 권위, 국제적으로 행사하는 완전한 특별 권한 등 주권 국가의 기본 특징을 가집니다. 옛 교황령의 영토 면적인 40,000제곱킬로미터에 비하면 동서 최대 길이가 1,045미터이며 최소 너비가 850미터인, 그래서 총 면적이 단지 0.44제곱킬로미터에 불과한, 세상에서 가장 작은 국가입니다. 바티칸 시국 내에는 산 피에트로 대성당을 비롯해서 성당과 궁전을 포함한 13개의 건물이 있는데, 바티칸 시국의 영토는 로마 동남쪽 120킬로미터 떨어진 곳에 위치한 교황의 여름 관저 카스텔 간돌포Castel Gandolfo 까지 포함합니다. 영토 안에는 산 피에트로 광장, 대성당, 교황 궁전, 관청, 바티칸 박물관, 도서관, 은행, 방송국, 인쇄국, 철도역, 우체국, 시장 등이 있고요. 사람이 살아가는 데 필요한 최소한의 것들이 잘 갖춰져 있습니다.

'바티칸 시국'이 건국되기 전, 바티칸의 명칭은 '교회 국가'였다가 '교황령'으로 바뀌었는데요. 다음 두 개의 지도를 보겠습니다. 두 지도 모두 연보라색으로 표시된 부분이 바티칸의 영토입니다. 이 중 왼쪽 지도는 15세기 중반 '교회 국가Lo Stato dell Chiesa'로서 표기된 바티칸이고, 오른쪽 지도는 1861년 '교황령Lo Stato Pontificio'으로 표기된 바티칸입니다. 이 두 지도와 현재의 바티칸 시국을 비교하면 현재는 작아도 너무나 작은 도시국가임을 알 수 있지요.

15세기 중반, '교회 국가'로서의 바티칸   1861년, '교황령'으로서의 바티칸

    바티칸 시국의 건국일은 바티칸과 이탈리아가 라테라노 조약을 체결한 1929년 2월 11일이지만, 국제법상 국가로 인정된 시점은 조약 비준 문서를 서로 교환했던 날인 1929년 6월 7일입니다. 교황 비오 11세가 이탈리아의 비토리오 에마누엘레 3세 국왕에게 보낸 전보가 증명하는 것처럼, 바티칸 시국은 온전한 법률적 효과를 가지고 있는 모든 요건을 갖춘 문서가 발효된 뒤부터 그 존재가 시작됐습니다.[1] 이 조약은 교황과 이탈리아, 가톨릭이 다수인 다른 국가 모두를 만족시키는 결과에 도달하기까지 굉장한 진통을 겪은, 오랜 협상의 산물이었습니다.

불안한 민중이 모여든 곳

'바티칸 시국'이 건국되기 전, 바티칸의 명칭이 '교회 국가'였다가 '교황령'으로 바뀐 이유는 종교개혁과 관련이 있습니다. 종교개혁 이전, 중세 유럽에서 '교회'라고 하면 로마 가톨릭교회를 의미했기 때문에, '교회 국가'라고 하면 이는 곧 로마 가톨릭교회 국가를 지칭했습니다. 하지만 종교개혁 이후엔 프로테스탄트 교회도 등장했으므로 용어가 주는 모호성을 피하기 위해 '교황령'이라는 명칭으로 바꾸게 된 것이지요.

그럼 교회가 세속 군주처럼 통치하기 시작한 것은 언제부터일까요? 여기에는 약 7세기부터 거슬러 올라가야 하는 오랜 역사가 있습니다. 교회가, 구체적으로 교황이 세속 군주로 등장하게 된 배경에는 중세 유럽의 독특한 역사적 상황이 있습니다. 그 시기의 교회는 귀족들이 자발적으로 자신이 소유한 영지를 교황에게 증여하면서 토지가 늘어나기 시작합니다. 10세기 초반에는 이민족이 통치하게 되면서 각 지방의 세력들이 서로 다투고 국왕은 통솔력을 잃어갔던 데다 영주들 간에도 경쟁이 벌어지는 등 약육강식의 정치적 대혼란의 시대를 겪습니다.

이런 혼탁한 시대적 상황에서 불안에 떨던 민중이 교회로 몰려와 보호와 자비를 청하고 정신적인 위로를 구하게 되면서 자연스럽게 교회를 중심으로 주거 집단이 형성되기 시작했습니다. 이런 교회 영토에서 교황청은 강력한 중앙집권적 통치를 하기보다 조금 느슨한 형태로 통치하면서 지방정부에 광범위한 권한을 주었지요. 지방자치의 항목은 조세와 행정, 사법과 정치, 그리고 군사 분야까지 그 범위가 방대했습니다.

현대 국가의 지방자치 개념은 바로 교황이 통치하는 교회 국가에서 나온 산물입니다. 하지만 유럽의 사상가들은 물론, 마키아벨리는 그의 명저 《군주론》 11장에서 "교황은 국가만 가졌지 방어하지 않으며, 국민을 가졌지만 통치하지 않는다"라고 호되게 비판하는데요. 이런 비판이 역설적으로 '국가의 이유'를 묻게 되는 계기가 되었고, '국가란 무엇인가?'에 대해 고민하게 했지요. 특히 이탈리아의 사상가이자 사제, 외교관이었던 조반니 보테로Giovanni Botero(1544-1617)는 대표 저서인 《국가의 이유La rarion di Stato》에서 윤리와 종교를 고려하지 않은 순수한 국가 이론은 무엇인가를 고민합니다. 이 책은 이후 애덤 스미스, 루소, 밀, 소로와 같은 사상가들이 '국가란 무엇인가'라는 화두를 풀어나가는 데 많은 영향을 주게 되고요. 역사의 아이러니는 마키아벨리가 비판한, 국가 같지 않은 국가인 중세의 '교회 국가'와 그 이후 '교황령'이라고 불리는 곳에서 근대 국가의 주권과 입법권 개념이 나왔다는 점입니다.

부패한 교회의 쇄신을 위해 탄생한 '교회 국가'

그럼 '교회 국가'라는 개념은 언제부터 등장하기 시작할까요?

이 개념은 교황 그레고리오 7세가 펼친 개혁의 산물이었습니다. 교황 그레고리오 7세는 모든 그리스도교 신자뿐만 아니라 성직자와 수도자도 자신의 권위 아래에 있음을 천명합니다. 더 나아가 황제까지도 영적인 스승인 자신의 권위 아래에 있다고 보았고요. 오늘날이라면 가톨릭 신자와 성직자와 수도자는 당연히 모두 교황의 권위 아래에 있다고 보는 것이 당연하기 때문에 이게 무슨 소리인가 할 수도 있을 겁니다. 하지만 11세기 말 이전까지만 해도 로마 가톨릭교회의 주교, 사제, 수도자는 원칙적으로 교황권보다는 황제와 왕, 봉건영주의 권위와 권한 아래 있었습니다. 아울러 교회 재산 대부분도 황제와 왕, 봉건영주에게 속했고, 주교 임명과 같은 교회 인사권도 그들이 좌지우지하며 자신의 친인척을 고위 성직자에 임명하곤 했었지요. 세속 군주는 자신의 권위로 수도원을 설립하고 그의 신하나 귀족과 같은 사람들이 수도원장을 맡아 수도원 재산을 사유화하기도 했고요. 일반인 수도원장은 수도원 규칙을 따르지 않았고 수도원 재산으로 자기 가족을 부양하는 일에 힘쓰기도 했습니다.

이런 상황에서 교황 그레고리오 7세는 모든 교회에 대한 교황권의 정치적, 법적 우위를 천명했을 뿐만 아니라, 성직자가 황제와 왕의 세속 통제로부터 벗어날 것을 선언합니다. 여기에서 교황의 '수위권' 개념이 나오는데요. 수위권이란 '교황이 그리스도의 대리자이자 교회의 목자로서 모든 교회 위에서 방해받지 않고 행사할 수 있는 사목적 권한'을 말합니다. 사실 이 시기에는 성직을 돈으로 사고팔았으며, 성직자가 결혼하고 축첩하는 일이 비일비재했습니다. 이러한 현상을 '니콜라이즘Nicholaism'이라고 합니다.

성직자의 결혼은 단순히 도덕적인 문제뿐만이 아니라 사회적, 정치적, 경제적 문제를 만들었는데, 무엇보다 사제의 결혼은 사제직을 세습하는 문제를 가져왔습니다. 오늘날 한국 사회에서 일부 나타나는 '목사 세습'처럼 '사제 세습'이라는 문제가 이미 중세에도 있었던 것이지요. 그리고 성직자의 결혼은 가족, 친인척에 관한 문제를 파생했고, 지역 영주 및 세속 권력과 결탁하는 문제를 낳게 됩니다. 그래서 교황 그레고리오 7세는 교회 쇄신을 위해 과감하게 사제 독신제를 시행합니다. 이것이 오늘날 가톨릭 사제가 독신으로 살게 된 역사적 이유입니다.

'교회 국가'라는 개념은 이렇게 쇄신하고 개혁한 교회의 독립성을 더 잘 보장하기 위해, 교황청이 교황권의 권리로 이를 강화하려고 한 데서 시작합니다. 교황 그레고리오 7세가 교회를 개혁할 때 가장 이상적인 모델로 삼은 것이 프랑스 남부에 있는 베네딕토 수도회의 '클뤼니 수도원Abbey de Cluny'이었습니다. 클뤼니 수도원은 수도생활 개혁운동을 강력하게 추진하면서 그리스도교 교회를 자정하고 교회개혁을 이루는 데 큰 공을 세웁니다.

지금은 과거에 웅장했던 대수도원의 건물 일부만 남아 있지만 그곳은 봉건시대 교회를 지킨 보루였습니다. 그래서 오늘날에도 클뤼니 수도원. 909-910년에 아키텐 공 기욤(Guillaume) 1세에 의해서 그의 소령 부르고 뉴의 클뤼니 장원 내에 건설된 수도원으로, 초대 수도원장 베르노(Berno, 850?-927) 이하 역대 훌륭한 수도원장들의 존재 덕분에 수도원 개혁(클뤼니 개혁)에 공전의 성공을 거두 었다.

이탈리아에서는 수도회 소속 신부만이 진정한 의미의 '신부'라는 의미에서 '파드레Padre'라 불리고, 본당 사목을 맡는 교구 신부에게는 성직자나 귀족에게 사용한 경칭인 '돈Don'이라는 호칭을 사용합니다.

하지만 실질적 의미에서 최초의 교회 국가를 구성하게 된 시기는 정치적 수완이 뛰어난 알보르노즈Albornoz 추기경이 재위한 1353년에서 1357년 사이입니다. 그는 분명히 정치적으로 실재하는 교회 국가를 만들려고 했습니다. 교회의 영토를 교황이 직접 통치하는 지역과 영주나 자치도시의 시장이 통치하는 지역으로 나누고, 중앙권력과 지방권력을 구분했어요. 그리고 교황령 전체에 교황에게 직접 예속되는 사람들을 영주와 그 가족, 수도 공동체, 자치도시의 시장까지 포함시켰습니다. 오늘날의 용어로 설명한다면 중앙정부와 지방정부를 구분한 후에는, 지방에 교황의 섭정관podestà을 파견했지요. 이 섭정관으로는 주로 부유한 귀족 가문의 30대 젊은이를 발탁했는데, 그 이유는 젊은이가 상대적으로 부패할 가능성이 적을 것이라는 기대 때문이었습니다.

하지만 교회 국가에서 중앙권력과 지방권력과의 관계는 원만하지 않은 때가 많았습니다. 가령 1234-1303년 사이에 교황이 지방권력에 군사적 요청을 한 횟수가 총 113회였는데, 이 중 43회만 수락되었고 23회는 거절당했으며 나머지는 그 결과를 알 수 없습니다. 아울러 교황청이 프랑스 아비뇽에 있었을 때 많은 반란과 전쟁이 일어나면서 교회 영토를 효과적으로 통치하기 힘든 상황이 생기는데요. 특히 1334년 이탈리아 볼로냐에서 일어난 반란은, 아비뇽에서 교황이 파견한 프랑스 관리들의 부패와 이탈리아 사람들과의 민족적 충돌이 원인이었지요.

원칙적으로 작은 정부를 표방하면서 동시에 세계 정부를 꿈꿨던 교황청은, 오래전부터 교회 영토의 통치와 관리를 오늘날의 외교관 격인 대사를 통해서 실현시켜나갔습니다. 일종의 외교 정치라고 할 수 있습니다. 중세의 교황들은 교회와 로마의 정치 문제에 자신들을 대표할 수 있는 대리자를 파견했는데, 이들을 '사도좌 대리Delegatus Apostolicus'라고 불렀고, 교황은 이들에게 사절 또는 사도좌 대리의 자격과 함께 '전권plenipotenziario 대사'의 자격을 부여했습니다. 오늘날 외교관의 '전권대사'*라는 직함도 여기에서 유래하게 됩니다.

교황 대사의 경우, 일반 국가의 대사를 가리키는 '앰배서더ambassador'라는 호칭을 쓰지 않고 '교황의 결정을 전달한다'라는 의미의 '눈티우스nuntius'라고 불렀습니다. 이러한 외교의 역사적 전통에 따라 오늘날 40개국에서는 여전히 교황 대사에게 외교단장의 지위를 부여합니다. 그리고 1815년 3월 19일 비엔나 회의에

---

* 한 나라를 대표하여 다른 나라에 파견되어 주재하면서, 외교 교섭을 할 수 있고 자국민에 대한 보호 감독의 임무를 수행하는 제1급 외교 사절.

서 논의된 '외교 사절의 계급에 관한 규칙Regule riguardanti il rango degli inviati diplomatici'에 따라 외교와 의회의 의전과 서열이 최종적으로 결정되면서 교황 대사의 신분과 서열도 이때 함께 결정되었습니다.

원래 '의전'이라는 용어는 그리스어 '프로토콜론πρωτόκολλον'에서 유래했습니다. '프로토스πρωτος'는 '첫 번째'를, '콜라κολλα'는 '접착제'를 뜻하며, '프로토콜론'이란 용어는 본래 원본의 진위를 증명하기 위해 맨 앞에 붙이는 '공증 서류의 종이 한 장'을 의미했습니다. 그것이 오늘날 '프로토콜protocol'이라는 말이 되어 공식적인 외교 문서를 일컫는 용어가 되었지요.

이렇게 돌아보면 근대 국가와 주권, 입법권 개념뿐만 아니라, 외교와 의전에 관한 내용에 이르기까지 많은 부분이 바티칸에서 나왔음을 알 수 있습니다. 바티칸의 외교 의전은 유럽의 각 황실로 전해졌고, 바티칸에서 외교 문서에 사용한 용어들이 그대로 외교 용어로 쓰이기 시작한 것도 이때부터입니다.

유럽 국가의 사법 기틀을 마련한 바티칸

14-15세기 교황령은 각 주provincia마다 오늘날 주지사라고 할 수 있는 '구베르나토르guvernator'가 통치했습니다. 이 '구베르나토르'는 이후 영어의 '거버너governor'가 되지만 실질적으로 교회는

이 용어보다 '담임, 담당'을 의미하는 '레토레rettóre'라는 호칭을 선호하여 이 명칭을 사용합니다.

교황령 안에서 사법과 세무의 절차나 규정은 잘 형성되지 않았지만, 그 안에서 계속 논리를 찾아가며 발전해나갔습니다. 교황령에서는 오늘날의 헌법에 해당하는 '교황의 헌장'과 그 밖의 교회 법률인 교회법, 주지사가 제정한 법률을 적용하며 통치했고요. 입법에 대한 권한은 꼭 교황에게만 있는 것은 아니었고, 주지사도 자기 권한 안에서는 입법할 수 있었습니다. 주지사는 사법적 권한도 가지고 있었는데 네 명의 판사로 구성된 합의제 재판부에서 그들과 함께 민사, 형사, 항소심과 교회 관련 소송을 심리했습니다. 재판소는 아주 작았고, 재판에는 공증인, 법원 직원, 경찰서장과 헌병 대장이 동석했지요.

교황령 안에서는 사법관련 문제를 명확히 하기 위해 교회 대법원과 교회 최고법원이 만들어지는데요. 교회 대법원을 '로타 로마나Rota Romana', 교회 최고법원을 '시그나투라 아포스톨리카 Signatura Apostolica'라고 불렀습니다. 여기에서 독일을 포함한 유럽 국가의 '최고법원 제도'가 나오게 됩니다. 교회의 최고법원인 시그나투라 아포스톨리카는 교황청 기관 가운데 유일하게 '교황의'라는 단어를 사용할 수 있는 곳으로, 통상 8-10명의 추기경이 재판관을 맡습니다.

모든 주에서는 주지사가 대귀족과 자치 수도원장, 시 대표 등을 소집했는데, 이를 오늘날의 '의회, 국회'를 뜻하는 '파를라멘툼parlamentum'이라고 불렀습니다. 파를라멘툼은 합의체적 기구였고, 이 라틴어에서 영어의 '팔러먼트parliament(의회, 국회)'가 파생됩니다.

현재 바티칸 시국 안에 있는 바티칸 법원은 외관만 보면 작은 예배당처럼 소박해 보이기 때문에, 저도 처음에 이곳을 찾아갔을 때 법원이 어딘지 금방 알지 못했어요. 그래도 이 작고 소박해 보이는 바티칸 시국 안의 법원까지 가려면 네 군데의 검문소를 통과해야 합니다.

교황과 추기경의 지위도 잠시 살펴보겠습니다. 교황령의 최고 수장인 교황의 지위는 군주제의 형태인데, 여기에서 놀라운 점은 합의체 안에서 뽑히는 선출직이라는 겁니다. 교황을 선출할 수 있는 사람은 투표권을 가진 추기경들이었고, 이는 오늘날 대의민주주의 형태라고 할 수 있습니다. 여기에서 추기경은 교황을 선출하는 사람이면서 동시에 교황이 될 수 있는 후보이기도 했습니다.

빈 회의와 베를린 회의에서는 추기경의 지위를 왕족 혈통의 왕자와 같은 외교적 지위에 놓았습니다. 황제와 왕, 왕세자 다음가는 공식 서열을 가진다고 확인했던 것이지요. 이 지위는 현재까지도 효력을 가지고 있습니다. 현재의 많은 추기경들은 그들의 국제법적, 외교적 지위상 여전히 황제와 왕, 왕세자 다음의 서열을 가집니다. 그래서 추기경을 '교회의 왕자'라고도 부르기도 합니다.*

한편 교황령은 때로 통치와 정책의 일관성이 부족했는데, 법적 절차에 따라 선출된 교황이 보통 고령일 때가 많아서 그의 임기가 아주 짧았기 때문입니다. 게다가 교황에게 특별한 사정이나 사고가 생겨 권력의 공백이 생겼을 경우, 지역 귀족과 자치도시는 자체 권력을 강화하며 새 교황이 선출될 시에 새 교황과의 협상에서 유리한 지점을 잡으려고 했지요. 이 때문에 "교황좌의 공석이나 완전 유고 때에는 보편 교회**의 통치에 아무것도 혁신하지 못한다 Sede romana vacante aut prosus impedita, nihil innovetur in Ecclesiae universae regimine"라는 교회법이 나오게 됩니다.[2]

교황령 시대에 선출된 새 교황은 지역 세력과 우호 관계를 유지하기 위해 선심성 특권을 남발하곤 했습니다. 이보다 큰 문제는 교황의 친인척을 중심으로 족벌주의를 형성하여 교황청과 교회, 교황령 내의 고위직을 선점하려던 것이었지요. 그래서 교회의 개혁을 위해서는 로마와 교황청 기관을 더 통제할 필요가 생겼는데, 교황령의 가장 큰 문제는 영적 스승인 교황이 세속 군주이면서 그와 동시에 전체 가톨릭교회의 수장이라는 이중적 지위 탓에 야기되는 정치적 약점을 가졌다는 점입니다. 이에 대해 마키아벨리는 교황령의 불확실성 탓에 이탈리아 반도 전체의 정치 체계가 불안

---

* 믿는 인간 깊이 읽기: 10-(1) 추기경의 지위
** 전 세계 가톨릭교회를 이르는 말이다.

정해질 수 있다고 걱정하기도 했습니다.

작은 영토가 되찾은 종교적 권위

이러한 역사를 가진 교황령은 20세기 들어 1929년 2월 11일 서명한 라테라노 조약에 따라 이탈리아에 귀속되고 아주 작은 영토를 가진 '바티칸 시국'으로 남게 됐습니다. 어떻게 보면 교회가 종교의 시대를 호령했던 중세를 지나, 근대로 오면서 영토도 작아지고 점점 그 위세와 영향력이 작아진 것만 같습니다. 국가의 지위를 지켰다고는 하지만 과거의 영광에 비하면 뭔가 초라해 보일 수도 있습니다.

그런데 세계에서 가장 작은 국가 '바티칸 시국'으로 효력을 갖기 시작하면서 놀라운 반전이 일어납니다. 교회가 과거 교황령이라는 방대한 교회의 영토를 이탈리아에 귀속시키면서 실질적인 주권 영토의 크기는 엄청 작아졌지만, 교회의 영적인 지위는 그 어느 시기보다 높고 견고해졌다는 점입니다. 이것은 제 생각이 아니라 교황청 주재 각국 대사들 사이에서 나온 이야기입니다. 교회가 이전에 가진 엄청난 세속적 지위를 포기하면서 세계를 향한 종교적 권위와 영적 지위는 더 높아지고 있다는 의미입니다.

성경도 "카이사르의 것은 카이사르에게 돌리고 하느님의 것은 하느님께 돌려라(마태오 22, 21)"라고 말하고 있습니다. 종교의 진정한 도덕적 권위와 힘은 세속의 권위와 힘에 의존할 때 생기는 것이 아니라, 오히려 세속의 힘과 권위를 버리면서 민중의 마음에 영적 거룩함이 피어날 때 교회를 탄탄히 떠받칠 힘이 생긴다는 사실을 기억해야 합니다. 따라서 과거에 향유했던 세속의 권위와 힘을 바탕으로 현실 정치에 지속적인 영향력을 행사하려는 것이 현대 사회를 살아가는 종교인에게 있어 유혹이 아닌지 성찰해보아야 할 것입니다.*

성경은 "산 위에 있는 마을은 드러나게 마련이다(마태오 5, 14)"라고 말하고 있습니다. 모든 사람이 바라보는 곳에 있는 종교 공동체는 어떠한 위치에 서 있어야 하는지 생각해봅니다. 가난하고 겸손한 교회는 그 자체로 영적인 권위가 높습니다. 세상 사람들에게 이러한 영적 권위를 가진 교회라면 그다음은 신이 알아서 해주겠다고 약속합니다.

> 그러므로 나는 분명히 말한다. 너희는 무엇을 먹고 마시며 살아갈까, 또 몸에는 무엇을 걸칠까 하고 걱정하지 마라. (…) 하늘에 계신 너희 아버지께서는 먹여주신다.(마태오 6, 25-26)

---

* 믿는 인간 깊이 읽기: 10-(2) 교황 요한 바오로 2세

11

신 앞에서 근심하는 존재

Hominis timor coram Deo

♦ 피사의 사탑으로 유명한 이탈리아의 피사Pisa는 토스카나주에 속하며 서쪽 티레니아해Tyrrhenian Sea 연안에 위치한 주요 항구 도시입니다. 피렌체에서 기차로 얼마 걸리지 않는 아주 한적한 도시지요. 피사를 여행하는 관광객 대부분이 피사의 사탑 앞에서 사진을 찍고 돌아오지만 사실 피사 주변에는 가볼 만한 곳이 꽤 많습니다.

이탈리아의 카니발이라고 하면 베네치아가 가장 유명하지만 피사 인근의 비아레조Viareggio 역시 이탈리아의 대표적인 카니발이 열리는 도시로 잘 알려져 있습니다. 베네치아의 카니발이 고전적인 복장과 분위기의 축제라면 비아레조의 카니발은 마치 브라질의 리우 카니발처럼 정치적 풍자를 곁들인 현대적인 분위기의 축제이지요. 여름철이 되면 많은 휴양객이 드넓은 모래사장과 그 인근의 소나무 숲 가까이에 있는 주택을 빌려 비아레조에서 한두 달

머물다 가는 경우가 많습니다.

이외에도 고색창연한 도시 루카Lucca와 그 근처의 푸치니 생가 주변에서는 여름이면 환상적인 오페라 공연이 펼쳐집니다. 그 무렵 임시 야외 공연장은 이탈리아 인근 국가는 물론이고 세계 각지에서 온 많은 관객으로 빈자리를 찾기 어렵습니다. 저에게 푸치니 축제가 열리는 루카는 오페라의 감동을 준 잊을 수 없는 곳이기도 합니다.

하지만 제게 그보다 더 강한 여운을 준 장소는 피사 대학입니다. 피사는 많은 유명 법학자와 과학자가 고뇌하고 연구하며 동료와 함께 자신의 생각을 이야기하고 토론한 사고의 메카였는데, 그것을 가능하게 한 곳이 바로 1343년에 설립된 피사 대학입니다. 피사 대학을 마주하고 있는 광장 앞에서 따뜻하게 내리쬐는 봄 햇살을 맞으며 한참 서 있던 때를 기억합니다. 학교 근처의 바에서 에스프레소를 마시며 지성과 지식의 산파 역할을 했던 많은 법학자를 생각해보던 순간이었지요. 그러나 흔히 피사라고 하면 이 법학자들보다 한 명의 과학자를 떠올립니다. 우리에게 근대 과학의 아버지, 실험 과학의 아버지로 잘 알려진 갈릴레오 갈릴레이Galileo Galilei(1564-1642)입니다. 망원경을 발명했고 코페르니쿠스의 지동설을 증명한 학자로 유명하지요. 그가 태어나고 자란 곳이 바로 피사입니다.

그는 아리스토텔레스학파의 철학자, 토마스 아퀴나스의 토미즘* 철학자들과 이를 따르는 가톨릭교회 성직자들과의 논쟁으로 점철된 삶을 살았습니다. 그의 저서 《대화Dialogo: 천동설과 지동설, 두 체계에 관하여》는 그 같은 논쟁의 결정판이었으며, 결국 이로 인해서 그는 종교재판에 회부되어 자신의 신념을 부정해야만 했습니다.

하지만 갈릴레이는 종교가 과학 연구에 간섭해서는 안 된다는 생각을 가지고 있었고, 그런 신념을 어떤 순간에도 단념한 적이 없었던 것으로 짐작됩니다. 이를 반영하듯이 1623년 갈릴레이는 《시금 저울Il Saggiatore》이라는 책에서 "자연은 수학이라는 언어로 쓰여 있다"라고 말하고 있습니다. 그렇다면 갈릴레오 갈릴레이가 남긴 논쟁의 결과는 그저 아주 오래되고 흥미로운 역사적 사건에 불과한, 단지 과학과 종교에 관한 이야기에 국한되는 사건일까요? 아니면 그가 과학적으로 깊이 고민했던 바는 오늘날 우리의 삶에도 지대한 영향을 주고 있을까요?

1965년 교황 바오로 6세가 갈릴레이의 종교재판을 언급하면서 이 사건에 대한 재평가가 이루어졌고, 1992년 교황 요한 바오

---

* 토미즘, 또는 토마스주의는 중세 철학, 특히 스콜라 철학의 대표자였던 토마스 아퀴나스의 철학 및 신학 체계와 그의 주장을 따르는 이들이 발전시킨 견해들을 말한다. '토미즘, 토마스주의'라는 용어가 널리 사용되기 시작한 것은 17세기부터였다. 그 이전에는 토마스 아퀴나스의 노선을 지지한다는 의미에서 '토마스주의자'라는 뜻의 '토미스테(Thomistae)'라는 용어를 사용했다.

로 2세는 갈릴레오 갈릴레이, 종교전쟁, 종교재판, 십자군 전쟁 등 다양한 역사적 쟁점을 둘러싸고 가톨릭교회가 저지른 잘못에 대해 비판적 연구를 하도록 했습니다. 나아가 가톨릭교회가 자행한 지난 역사의 잘못에 대해 용서를 청했지요. 갈릴레이가 죽은 지 무려 350년이 지난 뒤의 일이었습니다. 갈릴레오 갈릴레이와 연관된 사건들은 16-17세기 새로운 과학적 발견과 학문적 성과에 대해 개방적 태도를 보여주지 못한 로마 가톨릭교회를 넘어 종교개혁에까지 그 영향력이 이어집니다.

종교가 인간을 신 앞에서 근심하는 존재로 만들다

16세기 유럽에서 일어난 종교 변화의 거대한 물결에는 '종교개혁'이란 한 단어로 담아낼 수 없을 만큼 심오하고 광범위한 의미가 담겨 있습니다. 단지 부패할 대로 부패한 교회와 타락한 추기경과 주교, 그리고 고위 성직자의 실상이 세상에 드러나고, 그 때문에 사람들이 기존 종교 체계에 실망하고 종교적 심성이 약해졌기 때문에 종교개혁이 일어난 것은 아니기 때문입니다.

물론 종교개혁이 당시 유럽 사회를 지배하고 있던, 종교제국과도 같았던 로마 가톨릭교회의 타락에 눈을 뜬 사람들의 비판 의식에서 시작된 것은 주지의 사실입니다. 이런 비판적 사고가 가능하려면 그에 걸맞은 환경이 조성되어야 하는데, 그 당시의 유럽 사회는 도시가 성장하고 민족주의가 태동하는 시기를 맞이하고 있었습니다. 이런 변혁의 시기에 파생된 '개인'과 '자유'라는 신념의 토대 위에서 신학에 대한 각성이 이어졌다는 점 또한 종교개혁이 일어난 중요한 이유 가운데 하나라고 할 수 있습니다.

그리고 첫 천년기에 들어서면서 시민계급이 봉건제도에 맞서 격렬히 투쟁하게 됩니다. 그 결과, 12-13세기 이탈리아 중·북부 지방에서 상업과 교역의 중심지로 기능했던 자치도시 '코무네 comune'가 출현하면서 중세를 대표하는 체제인 봉건제도는 종지부를 찍습니다. 코무네는 '도시 공동체에 의해 권리와 특권이 공동으로 주어진다'는 의미에서 붙여진 이름입니다.[1] 이 도시는 완전한 사회적 변화를 이끄는 원동력이 되는데, 주목할 것은 도시가 발전하면서 부유한 시민이 출현했다는 점입니다.

사실 모든 종교는 문명화의 산물이자 도시화의 과정 속에서 나온 부산물일지도 모릅니다. 새로 등장한 지배 세력이 기존의 체제를 장악하고 적폐 청산을 위한 유일한 세력으로 부상하기 위해서는 정치적, 종교적, 사상적 토대가 필요한데, 이때 사용되는 중요한 도구가 종교이기 때문입니다. 다시 말해 기존의 계급 구조와 정치체제를 타파하기 위해 궁극적으로 종교라는 도구가 필요했던 것이지요.

종교는 힘이 약할 때는 도시를 통해 세를 형성해나갔고, 도시에서 힘을 모으면 그 도시의 지배 세력이 되고자 했습니다. 그리고

조르다노 브루노(Giordano Bruno, 1548-1600). 르네상스 시대 이탈리아의 철학자. 스물넷에 사제 서품을 받았지만 그리스도의 신성을 부정하던 아리우스파의 이단 학설을 탐구한 탓에 이단 시비가 일어 로마로 피신했고, 이후 칼뱅주의로 개종했다. 그러나 신교 역시 비관용적이라는 사실을 깨닫고 그리스도교에 등을 돌렸으며, 형이상학, 물리적 우주관, 윤리학, 기억술 등 다방면에 걸친 주제에 대해서 철학적 대화편, 희극, 시의 형식으로 저작을 남겼다. 현대의 천문학자들은 브루노가 처음으로 발견한 우주 개념을 차용하였으며, 대부분의 물리학자들은 브루노가 이미 오래전에 입자파동설을 설명했다고 한다.[2] 훗날 종교재판에 회부된 그는 무려 8년 동안 심문을 받으면서도 끝내 자신의 뜻을 굽히지 않았다.

이 시기에 로마 가톨릭교회와 프로테스탄트(개신교) 모두 종교라는 도구를 통해서 그 시대 사람들을 신 앞에서 근심하는 존재로 만들어 신앙을 갖게 했습니다. 인간의 불안과 두려움을 자극함으로써 신을 찾게 만든 겁니다. 당시 유럽은 과학기술이 발달하고 대항해로 인해 빠르게 새로운 세계를 발견해가는 중이었는데, 시대가 급변하는 만큼 개인과 사회의 불안과 두려움은 더욱 커져만 갔습니다. 그러나 종교는 그 같은 두려움과 불안을 자극했을 뿐, 그것을 해소하는 데 그다지 큰 도움이 되지 못했지요.

이런 현실적 배경 속에서 16세기 후반부터 유럽인은 종교에 대해 회의를 느끼기 시작합니다. 여기에 구교와 신교 간의 피비린내 나는 싸움*은 종교에 대한 회의를 넘어 종교 혐오로 넘어가게 만들었고요. 그러나 평범한 개인들이 그런 감정이나 의견을 쉽게 밖으로 표출하기는 어려웠습니다. 그 당시는 신과 종교가 유럽 사회 전체를 휘감고 있던 신앙의 시대, 종교의 시대였기 때문입니다. 그래서 당대 사람들의 신앙은 더욱더 신비주의나 경건주의로 빠지거나 자신이 믿고 있는 신앙에 대해 의심하는 무신론자가 등장하기 시작했습니다.

---

* 믿는 인간 깊이 읽기: 11-(1) 30년 전쟁

무신론자의 등장

너무 극단적인 변화라고 느껴질지 모르겠습니다. 종교의 시대를 살던 사람들이 무신론자가 되는 게 쉬운 일은 아닐 것이기 때문입니다. 하지만 종교개혁 시대의 '무신론자'는 오늘날 우리가 생각하는 의미와는 좀 다릅니다. 당시의 무신론자는 '신의 존재를 부정하는 사람'이 아니라, '자신이 믿고 있는 신앙과 다른 신앙을 주장하는 사람'을 의미했습니다. 다시 말해, 로마 가톨릭교회 입장에서는 프로테스탄트가 무신론자였고, 프로테스탄트 입장에서는 로마 가톨릭교회가 무신론자였던 것이지요.

이렇듯 종교개혁 시대의 무신론자는 배타적 신앙에 따른 개념이라고 할 수 있습니다. 이런 현상은 19세기와 20세기에 사상적으로나 정치적으로 반대의 입장에 있는 사람을 '공산주의자'로 낙인찍었던 것과 비슷하다고 볼 수 있습니다. 종교개혁 시대에 누군가에게 "당신은 무신론자요"라고 말하는 것은 모욕적인 언사였습니다.

지금으로부터 대략 400년 전의 이야기를 하고 있는데 마치 현재에 대해 이야기하고 있다고 느껴지는 것은 무슨 이유일까요? 오늘날에도 종교를 가진 사람들끼리 다투고, 어떤 경우에는 종교인이 더 부정하고 편협하며 배타적인 경향이 있다는 사실을 부인할 수 없습니다. 비종교인에게 종교 혐오를 부추기고, 일부 종교인마저 종교에 회의를 느끼게 만드는 경향이 지금도 여전히 존재합니다. 인류 역사는 종교개혁이 일어난 그 시대로부터 이토록 오랜 시간을 지나왔는데 인간의 태도는 어떤 면에서 제자리걸음을 하고 있다는 생각이 듭니다.

신학을 위해 등장한 '변증론적' 방법이 법학으로 확대되고, 이후 이것이 독일의 철학자 헤겔을 통해 하나의 철학 사조로 굳어가는 과정 속에서 시대정신을 읽어야 필요성이 강조되었습니다. 오늘날 우리가 사는 이 시대는 시대정신을 읽는 것을 뛰어넘어 사고와 가치관의 공유를 요구하고 있습니다. 과연 오늘날의 종교와 종교 공동체는 그것을 위한 디딤돌의 역할을 하고 있는지, 아니면 걸림돌이 되고 있는지 되물어야 하는 시대입니다.

인류의 역사와 인간 사회는 다람쥐 쳇바퀴 돌 듯 제자리를 맴도는 것 같지만 아주 서서히 나선형 모양을 그리며 앞으로 나아간다고 생각합니다. 그것을 인류의 진보라고 말할 수 있을지 모르겠지만 더딘 걸음에도 불구하고 인류는 앞으로 나아가고 있다고 믿으며 희망을 잃지 않으려고 합니다. 작은 조직의 의사소통 체계를 바꾸는 데도 간단치 않은 절차가 필요한데, 사회와 국가 조직의 창조적인 의사소통 체계를 만들어간다는 것은 결코 쉬운 일이 아닙니다.

그런 부분에서 변화가 훨씬 더 어려운 집단이 종교 공동체인 것 같습니다. 믿음의 속성이 그렇게 만듭니다. 프랑스 철학자 미셸 에켐 드 몽테뉴Michel Eyquem de Montaigne는 1580년에 완성한《수상

반 고흐(Vincent van Gogh), 〈성경이 있는 정물(Still Life with Bible)〉, 1885년, 캔버스에 유채, 65.7×78.5cm, 반 고흐 미술관 소장.

록》에서 "신앙심이 고갈된 오늘날에도 필요한 식량을 하늘의 은총에 기대하며 매일매일 안락하게 살아가는 수천수만의 종교 집단이 있다"[3]라고 이야기한 바 있습니다. 지금 우리 시대는 과연 어떨까요? 몽테뉴가 말했던 시대보다 나아졌을까요? 우리는 무엇이라고 답할 수 있을까요?

Nemo pius est qui pietatem metu colit. Cave putes quicquam esse verius.

네모 피우스 에스트 퀴 피에타템 메투 콜리트. 카베 푸테스 퀵콤 에세 베리우스.

두려움으로 종교심을 가꾸는 자는 결코 경건한 사람이 아니다. 이보다 진실한 말이 있으리라 생각지 말라.[4]

12

"사탄의 악과 간계에서
저희를 보호하소서"

"Defende nos in proelio, contra nequitiam et insidias diaboli esto præsidium"[*]

---

[*] 원문 번역을 그대로 살리자면 "전투 중에 있는 저희를 지켜주시고, 악마의 나쁜 짓과 속임수에 대적하여 보호하소서!"이다.

♦ 이탈리아에서 유학 중일 때 그 사회를 충격에 빠뜨린 한 사건이 있었습니다. 2000년 6월 6일 이탈리아 서북부 알프스 자락의 키아벤나Chiavenna라는 아주 작은 마을에서 살인사건이 일어났는데, 세 명의 미성년 아이들이 마리아 라우라 마이네티Maria Laura Mainetti라는 이름의 수녀를 총 18차례 칼로 찔러 살해한 사건입니다. 가톨릭 국가인 이탈리아에서 수도자가 살해당했다는 사실만으로도 충격인데, 가해자들의 살해 동기가 사탄 의식에서 비롯된 것이라고 알려지면서 더 큰 충격을 주었습니다.

'사탄 의식rito satanico'이란 "누군가를 해치려는 명확한 의도를 가지고 '악마의 미사messa nera'를 거행하거나 다른 사탄 예식을 하는 것"이라고 정의합니다.[1] '악마의 미사'로 번역된 말을 글자 그대로 번역하면 '검은 미사'라는 뜻인데요. 이탈리아에서는 사탄 숭배자들이 종종 악마를 숭배하는 검은 미사의 흔적을 성당에 남기고

간 내용이 언론에 보도되기도 합니다.

천사와 사탄

'사탄'이라는 말은 유대 그리스도교 전승에서 악한 영의 왕이며 하느님의 대적자, '방해하다' '반대하다'라는 의미를 지닌 히브리어 동사 'שָׂטַן satán'에서 유래했습니다. 구약성경에서 이 동사는 사람의 길을 '막다'(민수 22, 22. 32), 전쟁에서 '대적하다'(1사무 29, 4), 법정에서 '송사하다'(시편 109, 6-7)라는 뜻으로 사용되기도 했지만 주로 '대적하다'(시편 38, 20; 109, 4. 20. 29)라는 의미로 사용되었습니다. 현존하는 가장 오래된 그리스어역 성경인《칠십인역 성경》에서는 사탄을 '악마, 중상, 비방자'를 의미하는 그리스어 '디아볼로스 διάβολος'로 옮겼고, 이를 라틴어역 성경인《불가타 Vulgata》에서는 '디아볼루스 diabolus'로 번역했습니다.[2]

반면 '천사'라는 말은 중세 초기부터 사용된 단어입니다. 하느님과 인간 사이의 중재자이자 인간을 보호하는 존재로 인식된 천사 관념은 아시리아, 바빌론, 이집트 등의 신화와 신플라톤주의, 그리고 십자군 전쟁을 통해 이슬람으로부터 영향을 받은 관념입니다.《칠십인역 성경》의 구약에서 이 말은 대부분 '앙겔로스 άγγελος'로 번역되어 인간의 대리자 및 신의 대리자를 의미했고, 라틴어로 번역되면서 인간의 전달자인 '눈티우스 nuntius'와 구별하여 하느님의 천상 전달자인 '안젤루스angelus'라고 쓰게 됩니다. 여기에서 천사라는 영어 단어 '엔젤angel'이 나오게 된 것이고요.

천사의 이름으로는 세 명의 대천사 가브리엘Gabriel, 미카엘 Michael, 라파엘Raphael이 있습니다. 가브리엘 대천사는 '하느님의 사람, 영웅, 힘'이란 뜻이고,[3] 미카엘 대천사는 '누가 하느님 같으랴'라는 뜻이며,[4] 라파엘 대천사는 '하느님이 고쳐주셨다'라는 의미[5]입니다. 그런데 모든 존재에는 서열이 있다고 생각한 신플라톤주의 사고에 따라서 성경에 나오는 천사들도 세 단계로 나누어 구분했습니다. 가장 높은 계급인 치품천사 세라핌Seraphim, 지품천사 케루빔Cherubim, 좌품천사 트로니Throni, 중간 계급인 권품천사 프린치파투스Principatus, 능품천사 포테스타테스Potestates, 역품천사 비르투테스Virtutes, 그리고 가장 낮은 계급인 주품천사 도미나티오네스Dominationes, 대천사 아르칸젤루스Archangelus, 천사 안젤루스 Angelus 등 총 아홉 등급으로 구분했습니다.[6]

구마 사제의 엄격한 요건

로마인은 '인간이란 어떤 존재인가'라는 고전적 주제에서, 인간을 착한 존재가 아니라 이익을 추구하는 존재로 여기고, 현실적인 인간을 법의 기본 모델로 삼고자 했습니다. 그리하여 이기심 많고 변덕스러운 인간이 자발적으로 참여하게 만들, 적절하고 합리

바르톨로메 베르메호(Bartolomé Bermejo), 〈악마를 이긴 성 미카엘
(Saint Michael Triumphs over the Devil)〉, 1468년, 고딕, 런던 내셔널
갤러리 소장.

적인 방법을 찾으려고 했는데요. 인간에 대한 지나친 기대에 따른 낙관이나, 인간의 가치를 지나치게 폄하하는 것 모두를 경계해야만 했지요. 그러기 위해서 인간을 성선설이나 성악설에 기준하지 않고, 그저 인간 자체의 모습을 있는 그대로 인정했습니다. 뒤돌아서면 비열한 짓도 서슴지 않는, 평범하면서도 구제 불능인 인간 모습에 대해서 말이지요.

하지만 어떤 경우에는 인간의 모습을 미화하지 않고 현실적으로 직시한다고 해도, 쉽게 이해할 수 없는 사건 사고와 마주하게 됩니다. 앞서 말씀드린 사탄 의식에 따른 살인 사건도 마찬가지입니다.

'구마'와 관련된 자료로 압도적으로 많은 것은 영화인데요. 지난 수십 년 동안 서방세계에서는 구마와 관련한 관심이 크게 증가했고, 그 관심사는 주로 인간이 마귀에게 시달리는 현상과 가톨릭 구마 사제가 그런 사람을 마귀의 시달림으로부터 벗어나게 해주는 내용을 영화화한 것이 대부분이었습니다. 이러한 관심은 언론 매체의 영향으로 학계뿐만 아니라 일반 대중에 퍼져나가는 계기가 되었지요. 실제로 한국에서도 〈검은 사제들〉이나 〈사자〉와 같은 영화를 비롯해 〈손 더 게스트〉 〈프리스트〉 등의 드라마를 통해 이런 흐름을 확인할 수 있습니다.

언젠가 실제 사제들에게 이런 영상물에 대한 감상평을 물어본 적이 있습니다. 그들의 첫 반응은 '비현실적이다'였습니다. 이유를 물었더니 현실에서는 사제 역할을 맡은 배우들처럼 잘생긴 사제가 없기 때문이라고 해서 서로 웃었던 기억이 납니다.

그러나 실질적으로 로마 가톨릭교회가 구마를 주제로 한 영화에서 비현실적이라고 생각하는 부분은 "가톨릭의 구마 예식을 마법 의식처럼 모호하고 폭력적이며 어두운 실재로 묘사하는" 것입니다.[7] 영화는 가톨릭 구마 사제들이 행하는 행위를 밀교적으로 다루는데, 실제는 그렇지 않기 때문이지요. 사실 구마 사제는 구마 직무를 수행할 때 자신의 의지대로 구마식을 거행하는 것이 아니라 교회의 권위가 정한 규범을 따라야 합니다.

구마가 언급된 교회법 두 조항

가톨릭교회의 교회법은 구마식에 대해서 단 두 조항으로 간단하게 규정하고 있습니다.

- 제1172조 제1항: 교구 직권자로부터 특별한 명시적 허가를 얻지 않는 한, 아무도 마귀 들린 자에게 합법적으로 구마식을 행할 수 없다.
- 제1172조 제2항: 교구 직권자는 신심과 학식과 현명과 생활이 완벽한 탁덕(사제)에게만 이 허가를 주어야 한다.

교회법이 정의하는 구마식은 사람, 동물, 장소에 깃든 마귀를 쫓아내기 위하여 하느님의 이름으로 간구하는 예식을 말합니다. 하지만 구마식은 사안이 민감하고 남용 가능성이 있어서 세례 예식 속에 있는 구마식*과는 별개로, 교구 직권자로부터 특별한 명시적 허가를 받지 않으면 아무도 합법적으로 구마식을 할 수 없습니다. 여기에서 말하는 '교구 직권자'란 교구 소속 신부의 경우는 자신이 소속한 교구장 주교이고, 수도회 소속 신부는 자신이 속한 수도회의 장상長上을 의미합니다.

따라서 구마식은 사제라고 해서 누구나 할 수 있는 것이 아니라, 교구장 주교로부터 허락받은 사제 가운데서도 구마식에 필요한 특별한 교육과 훈련을 통해 구마 사제의 자격을 갖춘 사람만 할 수 있습니다. 만약 교구 직권자의 특별한 명시적 허가가 없는데도 사제라고 해서 교회가 승인한 예식서를 이용해 '장엄 구마' 또는 '대 구마'라고 부르는 구마식을 행한다면 그건 불법입니다.[8]

이를 위해 구마 사제에게는 앞의 교회법 제1172조 제2항의 내용이 정한 규범대로 엄격한 자격 요건이 필요하며, 구마 직무는 한 사제에게 영구적으로 맡길 수도 있고 개별 사건만을 맡길 수도 있

---

* 가톨릭의 세례 예식에는 '마귀와 죄를 끊어버림'에 관한 부분이 있다. 세례 주례자(사제)가 세례 예비자에게 죄와 악의 유혹을 끊어버릴 것인지 물으면 예비자가 그렇게 하겠다고 답하는 내용이다.

프란시스코 고야(Francisco Goya), 〈죽어가는 환자를 돕는 성 프란치스코 보르지아(St. Francis Borgia Helping a Dying Impenitent)〉, 1788년경, 캔버스에 오일, 29×38cm, 발렌시아 성당 소장.

습니다.[9] 따라서 영화 〈검은 사제들〉에서 아직 사제품을 받지 않은 부제(강동원 분)가 구마 예식에 참관하는 것은 가능할 수 있지만, 구마 예식을 함께 행하는 것은 현실상 불가능한 설정입니다.

구마에 대한 교회의 신중함

그렇다면 교회는 왜 이렇게 구마에 대해 신중한 입장을 취하는 걸까요? 이것에 대해서는 2004년 제2차 바티칸 공의회의 결정에 따라 개정하여 교황 요한 바오로 2세의 권위로 공포한 《로마 예식서 구마 예식Rituale Romanum: De Exorcismis et Supplicationibus Quibusdam》 제14-16항에 잘 나와 있습니다. 그 내용을 인용하면 다음과 같습니다.

> 마귀가 개입한 것이라고 하더라도 구마 사제는 최대한 현명하게 필요한 주의를 기울여야 한다. 먼저 어떤 사람이 마귀 들렸다는 것을 쉽게 믿지 말아야 한다. 그것은 그 사람이 특히 심리적인 어떤 병으로 고생하는 경우일 수 있기 때문이다. 이처럼 어떤 사람이 처음으로 특별히 마귀에게 유혹을 받아 우울하다거나 시달리고 있다고 말할 때에도, 그가 마귀 들렸다고 전적으로 믿지는 말아야 한다. 왜냐하면 상상한 결과일 수 있기 때문이다. 또한 그 반대로 마귀가 사용하는 기만과 술수에 속지

도 말아야 한다. (…) 모든 경우에 구마 사제는 마귀로 겪는 고통을 호소하는 이가 참으로 마귀에게 시달리는지를 정확하게 살펴야 한다. 마귀가 괴롭히는 것인지, 사실 다른 이유 때문인데 신자들이 그들이나 그 가족들이나 재산이 간계나 불행이나 저주의 대상이 되었다고 잘못 생각하는 것인지 올바르게 구별해야 한다. (…) 그러므로 구마 사제는 구마 대상자가 참으로 마귀에 들렸다고 확신하지 않는다면, 그리고 구마 대상자의 동의가 없이는, 되도록 구마 예식을 거행하지 말아야 한다.

구마 예식

위의 내용에서 알 수 있는 것은 '구마' 자체가 무척 구별하기 어려운 사항이라는 것입니다. 실제로 신약성경에는 '마귀들과 돼지 떼'(마르코 5, 1-20; 마태오 8, 28-34; 루가 8, 26-39), '예수님과 베엘제붑'(마태오 12, 22-32; 마르코 3, 20-30; 루가 11, 14-23; 12, 10), '회당에서 더러운 영을 쫓아내시다'(마르코 1, 21-28; 루가 4, 31-37), '어떤 아이에게서 더러운 영을 내쫓으시다'(마르코 9, 14-29; 마태오 17, 14-20; 루가 9, 37-43) 등의 구절에서 마귀 들린 사람을 구해준 이야기가 나옵니다.

이 가운데 예수가 '어떤 아이에게서 더러운 영을 내쫓는' 이야기는 오늘날 의학의 관점에서 본다면 간질을 치유해주는 것으로 이해할 수 있습니다. 중세뿐만 아니라 근대 초기까지도 간질로 인한 발작과 영적인 문제 사이의 구분이 모호했기 때문입니다. 다시 말해 자연적인 것과 초자연적인 것에 대한 구별이 부족했던 시대에 사람들은 간질에 대해, 마귀가 환자의 몸속으로 들어가 체액에 자극을 주어 뇌가 경련을 일으킨다고 생각하기도 했습니다.

사실 중세 사회에는 마법에 대한 생각이 매우 광범위하게 퍼져 있었으며 성직자도 예외가 아니었습니다. 일상의 사건과 전염병과 기근 등이 닥칠 때면 악마를 몰아내는 기도를 바치는 경우가 있었으니까요. 이렇게 어떤 문제가 마귀로 인한 현상인지 질병 때문인지 식별하기 어렵다는 점 외에도 교회가 구마 예식에 각별한 주의를 기울이는 또 다른 이유가 있는데요.《로마 예식서 구마 예식》제19항은 이렇게 말하고 있습니다.

> 구마 예식은 교회의 신앙이 드러나도록 거행해야 하고, 마술이나 미신 행위로 오인되거나 사람들에게 구경거리가 되지 않도록 주의해야 한다. 구마 예식을 거행하는 동안 사회 홍보 매체를 결코 허용하지 말아야 한다. 또한 구마 예식 거행 전이나 후에 구마 사제나 참석자들은 마땅히 침묵을 지켜 그 소문이 없도록 해야 한다.

그럼 오늘날 가톨릭교회에서 구마 예식은 어떤 사람들이 하고 있을까요? 실제로 가톨릭교회에는 '세계구마사제협회International association of exorcists'라는 기구가 있는데, 이 기구에서 구마에 필요한 교육과 훈련을 담당하고 있습니다. 교황 베네딕토 16세가 구마사제 양성과정을 공식화했고, 세계구마사제협회가 준비하여 교황청의 인준을 받은 《구마 직무를 위한 지침》이라는 안내서가 있기도 합니다.

오래된 불안과 악의 식별

오늘날 한국 사회의 독서 유형을 보면, 많은 독자가 자기 위로와 마음의 평화를 얻는 데 도움이 되는 책을 선택하는 것 같습니다. 우리가 불안을 느끼면서도 무언가를 원하고 또 그런 것을 왜 원하는지 생각해보면, 역으로 과거 시대의 사람들은 무엇을 원하고 무엇에 불안을 느꼈으며 그것을 극복하기 위해 어떤 노력을 했을지 유추해볼 수 있습니다.

저는 우리 사회의 구성원이 갖는 불안감을 바라보며, 사회적 불안과 그 불안을 극복하기 위해 15세기 사람들이 선택했던 베스트셀러가 떠오릅니다. 이 시기에 사회적 불안이 컸던 이유는 변화에 대한 욕구가 있던 동시에 미래에 대한 불안과 세계와 역사적 사건의 의미를 알아내고자 하는 내적 동인이 강했기 때문입니다. 이 시기의 대중이 불안을 극복하기 위해 선택한 책은 네덜란드 수도

사인 토마스 아 켐피스Thomas à Kempis가 쓴《그리스도를 본받아De Imitatione Christi》였는데요. 당시 이 책은 사람들이 성경 다음으로 많이 소장했을 만큼 널리 읽혔다고 합니다.

이 책은 총 4권(오늘날로 말하자면 4장)으로 〈제1권 정신생활에 유익한 훈계〉〈제2권 내적생활로 인도하는 훈계〉〈제3권 내적 위로에 대하여〉〈제4권 존엄한 성체성사에 대하여〉로 구성되어 있습니다. 제1권의 내용에서 특별히 눈에 들어오는 내용은 '6. 절제 없는 감정, 7. 헛된 희망과 교만을 피함, 8. 과도한 우정을 피함, 12. 역경의 이로움, 13. 시련을 이김, 22. 인간의 불쌍한 처지를 생각함'입니다. 당시 삶의 척박함과 고됨이 책의 소제목에서 그대로 느껴집니다. 이런 상황 속에서 내적 위로를 찾는 방법에 대해서는 〈제3권 내적 위로에 대하여〉에서 기술하고 있습니다.

궁극적으로 이 책은 불안이라는 주제를 성찰하고 있는데, "인간이 무언가를 무질서하게 얻으려고 노력할 때마다, 즉시 그로 인해 불안해진다Quandocumque homo inordinate aliquid appetit, statim in se inquietus fit"라고 합니다.[10] 나아가 불안의 요소 중 중요한 하나를 '죽음'이라 보았기 때문에, 어떻게 하면 잘 살다가 잘 죽을 수 있을까를 고민하고 성찰하는 내용이 주를 이룹니다. 인간의 보편적 불안에 대해 담고 있어서인지 이 책은 15세기 출간 당시뿐만이 아니라 근대까지도 그리스도교 문화권에서 베스트셀러를 유지해오기도 했습니다.

이렇게 정치적, 사회적 불안 속에서 신학은 더욱더 이성적으로 기술하고 표현하려고 노력했지만, 반대로 신비적인 마법과 마법사, 악과 악마에 관한 이야기도 한층 더 대중 속으로 빠르게 퍼져나갔습니다. 흔하게 일어날 수 없는, 평범하지 않은 이야기는 대체로 인간의 감정을 흥분시킵니다. 선과 악의 대립 구도, 악을 처단해야 하는 당위를 가진 어떤 이야기들에 사람들의 호기심은 더 커지고 그만큼 그 이야기 속에 빠르게 빠져들지요.

신약성경 〈루가복음〉 10장 17-20절에는, 일흔두 제자가 기뻐하며 돌아와 "주님, 저희가 주님의 이름으로 마귀들까지도 복종시켰습니다"라고 하자, 예수는 "악령 등이 복종한다고 기뻐하기보다는 너희의 이름이 하늘에 기록된 것을 기뻐하여라"라고 말했다는 내용이 등장합니다. 그러나 저는 그보다 〈마르코복음〉 7장 20절에서 23절의 내용에 주목해봅니다.

그리고 다시 이렇게 말씀하셨다. "참으로 사람을 더럽히는 것은 사람에게서 나오는 것이다. 안에서 나오는 것은 곧 마음에서 나오는 것인데, 음행, 도둑질, 살인, 간음, 탐욕, 악의, 사기, 방탕, 시기, 중상, 교만, 어리석음 같은 여러 가지 생각들이다. 이런 악한 것들은 모두 안에서 나와 사람을 더럽힌다."

이런 맥락에서 오늘날 우리 사회에서 대중적인 관심을 받고

있는 '구마'라는 주제는 한국 사회만의 독특한 문화적, 사회적, 정
치적 맥락에서 비롯된 불안과 그로 인해 불안한 사회, 고통받는 인
간이 고통을 표시하는 또 다른 형태의 사회 현상이 아닐까 하고 생
각해보게 됩니다.

　사람의 마음에서 나와 사람과 사회를 더럽히는 악은, 그에 대
한 경계와 감시 없이는 영화 속의 엄청난 힘과 끈질김을 가진 마귀
보다 더 오랫동안 더 깊은 고통 속으로 우리를 몰아넣을 수 있습
니다. 어쩌면 마귀에 대한 식별보다 더 중요하고 시급한 것은 우리
사회를 어지럽히고 사람들을 어려움에 빠뜨리는 사회악에 대한 식
별일지 모릅니다.

13

가난한 자, 부유한 자,
수도자의 식탁

*Pauperis, divitis et monachi mensa**

---

* 본문의 내용은 Montanari, *Gusti del Medievo*, Bari-Roma 2019, pp.183-210에서 참조했음을 밝힙니다.

♦ 우리는 보통 하루 중 점심시간이 다가오면 "오늘 뭐 먹지?" 하며 잠시 여러 가지 선택지 앞에서 고민합니다. 점심을 먹고 나서도 얼마 지나지 않은 것 같은데 정직한 배꼽시계는 '저녁은 뭐 먹지?' 묻지요. 무엇을 먹고 마시는지는 인간에게 아주 중요한 일입니다. 하지만 저는 학창 시절에 이것과 저것 중 뭘 먹을지에 대한 고민보다 이 배고픔을 어떻게 해결할 수 있을지가 숙제였기에 다음의 성경 구절이 잘 이해되지 않았습니다.

그러므로 나는 분명히 말한다. 너희는 무엇을 먹고 마시며 살아갈까, 또 몸에는 무엇을 걸칠까 하고 걱정하지 마라. 목숨이 음식보다 소중하지 않느냐? 또 몸이 옷보다 소중하지 않느냐? 공중의 새들을 보아라. 그것들은 씨를 뿌리거나 가두거나 곳간에 모아들이지 않아도 하늘에 계신 너희의 아버지께서 먹여주신다. 너희는 새보다 훨씬 귀하지 않느냐? 너희 가운데 누가 걱정한다고 목숨을 한 시간인들 더 늘일 수 있겠느냐? 또 너희는 어찌하여 옷 걱정을 하느냐? 들꽃이 어떻게 자라는가 살펴보아라. 그것들은 수고도 하지 않고 길쌈도 하지 않는다. 그러나 온갖 영화를 누린 솔로몬도 이 꽃 한 송이만큼 화려하게 차려 입지 못하였다.(마태오 6, 25-29)

지금 당장 먹을 것이 없는데 어떻게 먹을 것에 대해 걱정하지 않고, 지금 당장 입을 것이 없는데 어떻게 입을 것을 걱정하지 않을 수 있냐고 반문했던 적이 있습니다. 하늘의 새는 씨를 뿌리지도 거두지도 않고 곳간에 모아두지도 않기에, 어떤 새는 수천 킬로미터를 날아야 하는 수고를 감내하고, 또 어떤 새는 하루에도 수만 번의 날갯짓을 해야 합니다. 그래서 저는 '새와 식물이 어찌 거저 살아간다고 생각할 수 있겠습니까?'라고 묻게 되었습니다. 어린 시절 성경 속 그리스도의 말은 '지금' 가난하지 않은 사람이 하는 듣기 좋은 말처럼 느껴졌지요.

정치적 선언이나 공약, 종교가 말하는 이웃 사랑이 공허하게 들리는 것은 현재 가난하지 않은 사람들이 가난한 삶을 논하는 데서 오는 모순 때문이지 않을까 합니다. 경험의 이중성과도 맥락을 같이 하는 이야기인데요. 가까운 예로 저만 봐도 그렇습니다. 어릴 때는 먹을 것, 입을 것을 걱정했지만 지금은 의식주에 대해 불안해하거나 걱정하지 않습니다. 이런 제가 현재 가난의 아픔을 겪는 삶에 대해서 다 이해하고 안다고 말할 수 있을까요? 그렇다고 한다면 그것은 대단한 착각일 수 있습니다.

이렇다 보니 정책이나 자선에도 괴리가 있을 수밖에 없는 것 같습니다. 그럼에도 불구하고 끊임없이 그 차이를 좁히기 위한 고민과 성찰을 거듭해야 하는 것이 정치입니다. 어떻게 하면 현재 어려움을 겪는 사람들에게 공감하여 그들 삶의 질이 실질적으로 나아질 수 있는 정책을 펼 수 있을까요? 그것에 대한 해답은 작은 단위의 연대에서부터 찾을 수 있다고 봅니다.

요리책에서 엿보는 계급투쟁

오늘날 가난하지 않은 이들은 가난의 고통을 겪는 사람들과 자신들을 삶의 양식으로 구분하려는 것 같습니다. 그것은 구체적으로 무엇을 먹고, 무엇을 입는가에 대한 것에서부터 시작합니다. 주로 어떤 브랜드의 옷을 사 입는가, 주로 찾아가는 식당은 어디인가, 어떤 차를 소유하는가와 같은 기준으로 차이를 두려는 겁니다. 이것은 비단 현대 사회의 이야기만은 아닙니다. 그 같은 모습을 중세에서도 발견할 수 있습니다.

중세의 사료들은 대체로 권력자의 음식에 대해 전합니다. 요리법에 관한 문헌도 하층민, 가난한 자의 식탁에 대해서는 그리 많은 분량을 할애하지 않습니다. 그렇다고 이들의 식생활과 식문화를 전혀 유추할 수 없는 것은 아닌데요. 그것은 역설적이게도 부유한 자의 식탁을 통해 가능합니다.

이탈리아에 요리책이 등장하기 시작한 것은 대략 14세기부터라고 합니다. 이 시기에 등장한 대표적인 요리책으로 두 권을 꼽을 수 있습니다. 그중 하나는 나폴리 앙가주 왕가에서 발행한《요리서 Liber de coquina》이고, 나머지 하나는 이 책에 중부와 북부 이탈리아 지역의 요리법을 덧붙여 발행한 요리서로 이 책이 여러 지역으로 퍼져나가게 됩니다. 그런데 이 두 책에는 왕궁과 도시의 고위 상인 계급의 음식과 백성의 음식이 구분되지 않고 섞여 있습니다.

가난한 자의 식탁과 부유한 자의 식탁을 서로 넘볼 수 없게 구분하려고 했던 시기는 중세 말기와 근대 초기였습니다. 지배 계층은 피지배 계층과 서로 같은 시대를 살았지만 맛과 관습에서는 철저히 다른 삶을 추구했어요. 다시 말해 음식을 통해 권력과 신분의 차이를 공고하게 구분하려고 했지요. 그래서 귀족의 식탁에 백성의 맛이 자리 잡는 것을 철저히 배격하며 이를 지배 계층의 '유토피아utopia'라고 했습니다.

중세의 권력층은 사회적, 경제적, 법적 명령을 통해 자신들의 식탁과 백성의 식탁을 철저히 다르게 구분하려고 했는데, 그중 한 예가 바로 사냥입니다. 사냥은 권력층이 위세를 과시하기 가장 좋은 수단이었습니다. 왕이나 귀족, 군주는 자신의 부하인 기사와 시

종을 거느리고 사냥터에 나가는 모습을 보여줌으로써 위세를 드러 냈고, 그 사냥터가 자신의 통치 아래에 있음을 백성들에게 확인시 켜주었지요.

중세 시대의 고기 요리는 가장 탁월한 음식이라는 의미 외에 도 권력자의 문화와 관습에 내재된 힘을 과시하는 상징이었고, 그 와 동시에 폭력적 정신의 표현이라고도 이해할 수 있습니다. 그래 서 중죄를 지은 이, 특히 명령에 복종하지 않은 자나 정치범에게 육류 섭취를 금하는 형벌을 추가로 부과하기도 했습니다. 그런 이 유로 백성에게는 사냥을 금지함으로써 이들의 식탁에 수렵물이 올 라오지 못하도록 했지요. 하지만 가난한 자들도 포기 못 하는 음식 이 있었으니 그것은 과일과 새 사냥에서 얻은 고기입니다.

중세의 식탁은 가난한 자의 식탁과 부유한 자의 식탁 간의 계 급투쟁으로 볼 수 있습니다. 《요리서》에는 양배추, 시금치, 회향 finocchi 등의 다양한 채소류와 병아리콩, 완두콩, 잠두콩, 제비콩 등 의 콩과 식물에 대한 요리법이 나옵니다. 이 요리법은 백성의 식탁 을 위한 것이었을까요? 아닙니다. 《요리서》에 등장하는 요리법은 어디까지나 군주 계급을 위한 것이었습니다.

요리책의 목적은, 하층민이 먹는 재료를 사용하더라도 신분의 차이를 두기 위해서, 차별화된 조리방식을 통해 식품의 사회적 지 위를 분명히 정하는 데 있었습니다. 다시 말해 신분이 낮은 사람들 의 식재료에 특별한 요리법을 적용하여 다른 맛과 상징체계를 부여해 품격을 높이고자 했던 겁니다. 가령 마늘은 늘 촌스러운 식재료 취급을 당했지만, 여기에 인위적인 요소를 가미해 교양 있는 요리로 만들어내는 것이 이 책의 목적 중 하나였습니다.

이 목적을 구현하는 방법은 동일한 식재료에 금이나 귀한 향신료, 좋은 냄새가 나는 허브와 같은 값비싼 재료를 넣는 것이었습니다. 같은 고기와 생선을 먹는다고 해도 백성들은 대부분 소금 간만 해서 먹었지만 부유층은 귀한 향신료가 첨가된 요리를 먹었던 것이지요. 분명히 '이 음식이 과연 누구나 먹는 재료로 만든 건가' 싶은 생각이 들 정도로 맛에서 큰 차이가 났을 겁니다.

다만 식료품의 보관을 위해 소금과 식초, 올리브유 및 기타 재료를 넣어 보관하는 방식에는 계층 구분이 없었습니다. 음식의 보관 방법이나 조리법에 대해서는 일반 백성이 더 많이 고민하고 아이디어도 더 많았을지도 모릅니다. 음식을 오랜 기간 보관하는 것은 가난한 사람들에게는 중요한 문제였기 때문입니다. 군주나 귀족은 신선 식품을 비롯한 많은 식재료를 최상품으로 먼저 조달받았지만, 신분이 낮은 사람들은 경우가 달랐습니다. 이들은 날씨나 기온의 변화가 심해 식료품 수급이 수시로 달라지는 상황을 대비하기 위해서 보존 기간이 긴 음식들을 만들었지요. 만들기 쉽고 보관이 수월한 파이인 '토르타torta'와 '파스텔론pastelón'은 중세에 발명된 대표적인 저장 음식이라고 할 수 있습니다.

14-15세기경 신분이 낮은 가난한 사람들은 곡물이나 채소 중

심의 식사를 했는데, 대표적인 음식은 허기를 채우기 위해 보리나 옥수수 가루를 사용해 만든 폴렌더 죽이나 질 나쁜 곡물로 만든 수프였어요. 하지만 '영적인 식사pasto spirituale'라는 상징적인 의미에서 가난한 자가 먹던 죽이 부자의 식탁에 올라오기도 했다고 합니다. 이것은 수도원 문화의 영향을 받은 측면이 있습니다. 교회의 전례력을 따라 수도자들의 희생과 극기에 동참한다는 취지였지요. 한편으로는 부자들 역시 속에 탈이 나면 흰죽을 끓여 먹기도 했습니다. 일종의 건강식, 환자식이었다고 볼 수 있습니다.

치즈는 교회가 제정한 금육일에 고기 대용으로 먹을 수 있는 식품이었기 때문에 계층의 구분 없이 대부분 모두 먹었습니다. 다만 고기의 경우, 원래도 가난한 이들의 식탁 위에 고기가 오르는 일이 드물었고, 이들은 고기 대신 푸줏간에서 버린 동물의 내장을 활용한 음식을 만들어 먹었습니다. 생선을 기름에 튀겨 소금과 식초에 절인 '에스카베슈escabèche(이탈리아에서는 '스카페체scapece'라고 부르기도 한다)'라는 음식은 두 계층이 모두 먹었다고 하니 꽤 맛이 좋은 음식이었을 것이라고 추측해봅니다.

중세 음식의 역사에서 신분이 낮은 가난한 자의 식탁에 대한 이야기는 대부분 구두로 전해져서 그 원형을 복구할 수 없다고 생각되지만, 유럽의 음식 연구가들은 부유한 자의 음식에 더해진 고급스럽고 귀한 재료를 뺀 단순한 형태의 음식에서 가난한 자의 식탁을 유추해냈습니다. 그렇다면 중세의 시대정신을 대표했던 수도자의 식탁은 어땠을까요?

시대정신이 녹아 있는 수도원의 식탁

중세의 수도원은 문화적, 종교적 가치에 따른 규율로 일상의
영양 섭취 문제에 대해서도 금욕적으로 접근했고 이는 중세의 음
식 문화에 중심적 역할을 합니다. 중세 수도자에게 단식을 실천하
는 것은 큰 미덕이었는데요. 우선 양적인 측면에서 매일 두 끼의
식사 중 한 끼를 먹지 않았고, 질적인 측면에서는 고기와 같은 특
정 음식을 교회 전례력이나 개인 혹은 공동체의 선택에 따라 일시
적 혹은 영구적으로 먹지 않았습니다.

그렇다면 중세 수도원 문화에서 음식을 통한 고행은 어떤 의
미였을까요? 어떤 의미에서 금육이 수도자들이 가장 우선하는 희
생과 절제의 미덕이 되었을까요? 중세 시대 수도자들이 음식을 절
제했던 가장 직접적이고 단순한 목적은 육체적 금욕을 위해서였는
데요. 신에게 가까이 다가가기 위해, 신과 더 가까운 삶을 살기 위
해, 신에게로 향하는 데 걸림이 되는 세속적인 물질의 짐을 끊거나
덜어내겠다는 의미였지요.

또 한 가지, 중세 수도자에게 금육의 규범이 생긴 구체적인 취
지는 수도생활의 중요한 덕목인 정결을 지키기 위해서였습니다.
금육이 성욕을 억제하는 데 도움이 된다고 여겼기 때문에 실천했

이탈리아 시에나 인근에 위치한 몬테 올리베토 마조레 수도원의 프레스코화. 성 베네딕토가 수도사들과 음식을 먹는 모습을 그려놓았다.

던 것입니다. 중세 수도자들은 식욕과 성욕을 똑같은 은유적 의미로 이해했습니다. 그래서 살생을 금지하고 채식주의자처럼 살 근거를 〈창세기〉에서 가져왔습니다. "야훼 하느님께서 아담을 데려다가 에덴에 있는 이 동산을 돌보게 하시며 이렇게 이르셨다. '이 동산에 있는 나무 열매는 무엇이든지 마음대로 따 먹어라.'"(창세 2, 15-16)

하지만 수도생활에서 고기의 섭취를 전적으로 금지하는 것은 논쟁거리가 되기도 했습니다. 북유럽처럼 식생활에서 고기 섭취 비중이 높은 곳에서는 따르기 어려운 규칙이었기 때문입니다. 수도원장이 잘 식별해서 결정하거나 개별 수도원이 자유롭게 선택하도록 하기도 했지만, 연중 수도자의 식탁에서 고기를 볼 수 없는 날은 일반 신자들보다 훨씬 길고 빈번했습니다.

또한 중세에는 육신의 음식에 대비되는 영혼의 음식, 지상의 빵에 대비되는 천상의 빵을 추구했습니다. FM 라디오의 클래식 채널 방송을 듣다 보면 세자르 프랑크César Frank가 작곡한 〈파니스 안젤리쿠스Panis Angelicus〉가 꽤 자주 흘러나옵니다. '천사의 빵' '생명의 양식'을 의미하는 이 노래의 가사는 중세 신학자 토마스 아퀴나스가 성체축일을 위해 쓴 찬미가 〈우리의 신성한 축일에Sacris solemniis〉 중 "천사의 빵이 오늘날 인간의 빵이 되고 (…) 가난하고 천한 자들이 주와 주의 음식을 빕니다"라는 부분에서 가져온 겁니다.

이 찬미가는 모두 7연으로 구성된 운문으로, 빵과 포도주가 그리스도의 몸과 피로 변한다는 내용을 담고 있는데요. 그중 6연은 가난하고 비천한 인간을 위해 천사(천상)의 빵이 만들어졌다는 내용입니다. 우리나라에서는 '생명의 양식'이라는 제목으로 알려져 있습니다.

중세 수도자의 의식 속에 있던 육체에 대한 무시나 경멸은 신학적 의미에서 그랬다기보다 수행의 목적에서 시작되었다고 봐야 합니다. 더 훗날엔 교회 개혁 차원에서 실천적 덕목으로 강조되었고요. 신학적으로 예수 그리스도는 인간의 몸을 취한 신이었기 때문에 인간의 육체를 경멸하거나 무시할 수 없습니다. 하지만 수도원 문화에서 이런 관점은 무시되기 일쑤였고 부정적인 측면으로 나타날 때가 많았습니다.

그런 맥락에서 음식에 대한 부정이나 거부는 육체에 우선적 가치 두기를 거부하는 것이었고, 이것이 아예 육류 섭취의 금지로 이어졌습니다. 이를 '거절의 식사법dietica in negativa'이라고 불렀는데, 이 식사법은 중세 수도자의 식탁에서 가장 우선시되는 덕목이자 선택이었습니다. 고기가 최고의 음식이자 가장 탁월한 영양 공급원이라고 여겼던 시대에 가장 좋은 것을 포기하는 덕행의 실천으로 신에게 한 발 더 가까이 나아간다고 생각했던 겁니다. 그리고 수도자들은 기도와 미사, 노동으로 꽉 채워진 시간표로 하루를 보냈습니다.

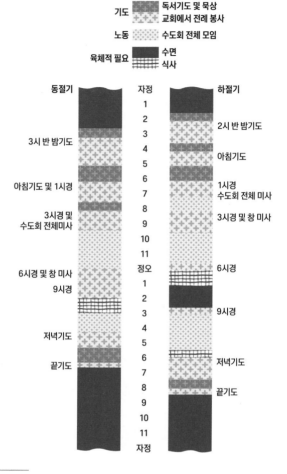

기도 ▨ 독서기도 및 묵상
✚ 교회에서 전례 봉사
노동 ░ 수도회 전체 모임
육체적 필요 ■ 수면
▦ 식사

동절기   자정   하절기
1
2   2시 반 밤기도
3시 반 밤기도   3
4   아침기도
5
아침기도 및 1시경   6
7   1시경
    수도회 전체 미사
3시경 및   8
수도회 전체미사   9   3시경 및 창 미사
10
11
6시경 및 창 미사   정오   6시경
9시경   1
2
3   9시경
4
저녁기도   5
6   저녁기도
끝기도   7
8   끝기도
9
10
11
자정

중세 시대 수도자의 하루 일과표. 가톨릭 전례 또한 시대 흐름에 따라 많은 변화를 겪어왔
으며, 현재 가톨릭의 시간 전례는 이와 동일하지 않다. 그러나 오늘날 예루살렘 성묘교회의
프란치스코회 수사들, 가르멜과 트라피스트 봉쇄수도회 수도자의 일부는 여전히 이 일과
표대로 시간마다 기도와 미사를 바치며 살고 있다. 동방이나 서방 교회에서 말하는 1시경,
3시경, 6시경, 9시경은 각각 해 뜨기 직전, 오전 9시, 낮 12시, 오후 3시 기도를 의미한다.

한편, 중세 수도원에서 고기를 금하는 것이 의미가 있었던 또 하나의 이유가 있습니다. 중세 유럽 사회에서 귀족 가문의 남자 아이는 수도원이나 기사단에 보내지는 경우가 많았습니다. 가문 차원에서 성직자가 나와야 했기 때문입니다. 그래야 가문의 이익을 보호하고 방어할 수 있다는 정치적인 계산이 작동한 것이지요. 더불어서 모든 교육을 수도원이 주관했기 때문이기도 합니다.* 그렇게 교육을 받던 귀족 자제들 가운데 종교적으로 열정을 느꼈던 이들은 수도원에 들어와 수사 신부가 되고자 했는데, 이들은 대부분 고위 성직자가 됐고, 이와 같은 이유로 귀족 가문에서 많은 돈과 땅을 수도원에 기부하기도 했습니다.

이처럼 수도원에서 고기를 금한다는 것은 귀족 가문 출신인 이들이 자신이 이전에 누렸던 특권을 포기한다는 의미가 있습니다. 실제로 8-9세기 카롤링거 왕조 시대의 수도자들은 지배계급과 같은 생활을 해서, 교회 혁신과 수도생활 개혁 차원에서 육류 섭취의 금지 항목이 규범으로 등장하게 됩니다. 비록 이러한 금욕적 사고가 인간으로 하여금 육체를 경멸하고 더 많은 순간 신 앞에서 근심하는 존재가 되게끔 만들었지만, 한편으로는 종교인이 가져야

---

* 유럽에서 공교육과 사교육 개념이 나뉜 것은 근대 이후 교회가 관장했던 교육을 국가가 주관하면서부터이다. 그때 이후로 국가가 관장하는 교육을 공교육, 그외 기관에서 주관하는 교육을 사교육이라고 부르게 되었다. 그 전에 중세 시대에는 교회가 모든 교육을 주관했다.

할 덕목은 무엇인가를 다시 생각하게 합니다.

교회의 혁신과 개혁의 차원에서 실천했던 금욕의 노력은, 오늘날 많은 사람이 가장 좋아하고 가치 있게 여기는 물질적인 삶을 내려놓는 것과 같은 의미일 겁니다. 지금도 봉쇄수도원의 수도자들은 위급하거나 부득이한 경우를 제외하고는 일체 수도원 밖을 나오지 않으며 미사와 기도, 노동하는 시간표에 따라 하루를 삽니다. 그들은 세상이 좋다고 하는 모든 것을 포기하고 신을 위해 경배하며 자신들이 먹을 양식을 위해 노동하고 세상을 위해 기도하는 삶이 가장 가치 있다고 여기며 살아갑니다.

중세 시대 수도자의 식탁을 통해 오늘날 종교의 모습을 생각해볼 수 있습니다. 종교 공동체가 가난해지고자 한다면 국가가 할 수 없는 사회적 어려움을 해결할 실마리를 찾을 수 있을지 모릅니다. 물질적으로 가진 것이 많은 부유한 종교 공동체가 그 규모에 맞는 영적 부유함을 함께 갖출 때, 할 수 있는 일은 생각보다 많을 겁니다. 선교에 목적을 둔 선행이 아니라 선행을 통해 내가 사랑하는 분이 가르친 이웃 사랑을 실천하는 것이 신을 가장 기쁘게 해드리는 길인 동시에 종교적 신념을 갖지 않은 사람들의 영혼과 발길이 자연스럽게 신을 찾도록 만드는 가장 좋은 길이 아닐까 싶습니다.

예언자 이사야는 이렇게 말합니다.

주 야훼께서 말씀하셨다. "내가 기뻐하는 단식은 바로 이런 것이다. 억울하게 묶인 이를 끌러주고 멍에를 풀어주는 것, 압제받는 이들을 석방하고 모든 멍에를 부수어버리는 것이다. 네가 먹을 것을 굶주린 이에게 나눠주는 것, 떠돌며 고생하는 사람을 집에 맞아들이고 헐벗은 사람을 입혀주며 제 골육을 모르는 체하지 않는 것이다."(이사야 58,6-7)

14

천국과 지옥의 차이는
존재의 태도에서 온다

*Paradisus et infernus: in hominis animo differentia est**

---

* 이 글은 〈경향신문〉 '한동일의 라틴어 수업 2020' 4월 24일자 칼럼의 일부를 바탕으로
로 정리한 것입니다. 라틴어 제목의 정확한 번역은 "천국과 지옥: 사람의 마음에 차이
가 있다"입니다.

♦ 앞서 말씀드린 것처럼 중세 유럽에서 3천만 명의 사망자를 냈던 흑사병은 인류 역사상 가장 규모가 큰 재앙이었습니다. 흑사병은 '페스트pest'라고도 하는데, 이것은 '나쁜'을 뜻하는 라틴어 '말루스malus'의 비교급 형용사인 '더 나쁜'을 의미하는 '페유스peius'에서 유래합니다. 라틴어 명사 '페스티스pestis'는 중세에 인간이 경험한 다른 어떤 전염병이나 중대한 위험에 비해 '더 악한 질병'이라는 뜻을 담고 있습니다. 그래서 흑사병을 가리켜 '인피르미타스 인아우디타infirmitas inaudita(전대미문의 질병)'라고 부르고 그로 인한 죽음을 '검은 죽음' '흉한 죽음'이라는 뜻의 '아트라 모르스atra mors'라고 불렀습니다.

페스트보다 치사율은 낮다고 해도 코로나19 바이러스 감염병 사태는 페스트를 떠올리게 합니다. 이 바이러스는 대륙과 인종, 민족과 국가를 가리지 않으며 전 세계를 단번에 두려움과 혼돈에 빠

뜨렸습니다. 제대로 돌봄을 받지 못해 하루에도 수백 수천의 사람
이 목숨을 잃는 상황은 그 자체로도 비극이지만, 죽음의 순간에 인
간의 존엄이 부재한 현실은 더 큰 비극으로 다가왔습니다. 남아메
리카의 어느 나라에서는 거리에 시신이 그대로 방치되었다고 하
고, 인도의 갠지스 강가에는 급히 매장한 수많은 시신이 빗물에 떠
내려와 떠올랐다고 하지요. 또 다른 국가의 어느 병실에서는 밀려
드는 시신을 감당할 수 없어 겹쳐 보관해둘 수밖에 없다는 소식도
전해졌고요. 누군가는 이런 상황을 전쟁에, 또 다른 누군가는 지옥
이 따로 없다고 비유하기도 합니다.

천국과 지옥에 관한 이야기가 필요한 인간

예루살렘은 일 년 중 어느 때라도 방문하고 싶은 곳입니다. 그
가운데 예수의 부활과 성탄을 기리는 시기는 전 세계에서 수많은
사람이 이곳에서 각별한 시간을 보내려고 찾아오기 때문에 머무를
숙소를 구하기가 쉽지 않은데요. 제가 2019년 성탄 무렵부터 약
한 달간 머물렀던 숙소는 예루살렘에서 조금 떨어진 곳으로 여러
가지 의미가 있는 지역이었습니다. 고고학적으로 신약성경에 등장
하는 '마르타Martha'라는 여성의 생가가 있었다는 곳 근처였지요.
예수가 수난 직전에 기도했다고 전해지는 겟세마네Gethsemane도
그곳에서 15분 정도 걸어서 언덕길을 오르내리면 닿을 수 있었습

니다. 또 가까운 곳에는 1903년에 세워진 '예수고난회'라는 수도회의 수도원도 있습니다.

하루는 이 예수고난회 수도원의 초대를 받았습니다. 이 수도원의 도서관은 1900년대 초반의 책과 고문서를 많이 보유하고 있었는데요. 한창 내부 공사로 먼지가 날리긴 했지만 도서관 내부에 들어가볼 수 있었습니다. 수많은 책과 문서 사이에서 한 권의 책이 눈에 들어왔습니다. 단테 알리기에리Dante Alighieri의 《신곡》이었습니다. 한국을 떠나오기 전, 책을 소개하는 모 방송 프로그램에서 그 책을 본 덕분인지 금방 눈에 띄었어요. 출간 시기를 보니 'MCMLXVIII(1968)'라고 표기되어 있었는데, 무려 반세기 전에 출간된 책이었습니다. 그런데도 책의 편집과 디자인이 너무 훌륭해 한참 들여다보았고, 좀 더 자세히 보고 싶은 마음에 수도원에 부탁해 책을 빌려서 숙소로 돌아왔습니다.

단테 알리기에리의 《신곡》은 지옥과 연옥, 천국에 대한 이야기를 담고 있습니다. 성경에서 죽음 이후의 세계는 〈요한 묵시록〉과 〈코린토 2서〉 12장 '바오로가 받은 환시와 계시(신비로운 영상과 계시)'에 등장합니다. 성경은 바오로가 본 이 환영에 대해 언급하되 더 자세한 이야기는 쓰지 않은 반면, 외경* 중에는 바오로가 본 환

---

* 성경과 관련된 주제를 다루면서도 정경으로 인정받지 못한 고대 문헌을 총칭한다.

영에 대해서 말하고 있는 부분이 있습니다. 이 '바오로의 환영'은 그리스어로 쓰였는데, 이후 라틴어로 옮겨졌고, 이것이 단테의 작품 안에서 다시 등장하게 된 것이지요.

천국과 지옥에 관한 이야기는 그리스도교뿐만 아니라 다른 종교에서도 발견됩니다. 불교에는 '육도'라는 개념이 있습니다. 사람이 쌓은 업에 따라 태어나게 되는 여섯 가지(천계·인간계·아수라·축생계·아귀계·지옥) 세계를 말합니다. '윤회'를 한다는 점에서 그리스도교와 차이가 있겠지만, 불교의 육도 중 신의 세계인 천계와 지하의 감옥이라고 불리는 지옥이 그리스도교의 천국과 지옥의 개념에 맞닿아 있지 않나 합니다.

그렇다면 종교는 왜 천국과 지옥에 관해 이야기를 할까요? 살아 있는 인간 가운데 그 누구도 천국이나 지옥을 보거나 가본 사람은 없습니다. 물론 영적이고 신비스러운 현상에 의해 천국과 지옥을 봤다는 사람이 있기는 하지만 과학적으로 입증할 수 있는 방법은 없습니다. 그럼에도 많은 종교가 천국과 지옥에 대해 이야기합니다.

저는 예루살렘에 있을 때 한밤중에 숙소 옥상에서 멀리 보이는 유대의 광야와 헤로데스Herodes가 인공적으로 쌓아올린 헤로디온 요새를 바라보며 생각했습니다. 고대 이스라엘은 수없는 외세의 침공과 저항, 내부 계층 간의 갈등과 암투, 그 안에서 수없이 벌어졌던 불합리하고 이해할 수 없는 사건으로 점철된 역사를 가지고 있는데, 그 시대 사람들은 과연 무슨 생각을 했을까 하고요. 불의한 자가 호의호식하고 정의로운 자가 억압과 핍박을 받는 현실속에서 정의롭고 평등한 사회를 지향하는 인간의 꿈이 번번이 미완으로 그칠 때, 사람들은 어떻게 그 좌절을 극복하고 일어설 수있었을까요? 부조리하고 불의한 인간사를 풀 길이 없고 설명할 수없어 탄식하던 그 시대 사람들에게 천국과 지옥은 실제로 존재하든 존재하지 않든 꼭 필요하지 않았을까요?

현대를 사는 우리라고 다르지 않습니다. 인간의 삶은 왜 이다지도 모순투성이인가 하는 의문을 지울 수 없습니다. 아무리 노력해도 삶의 환경이 좀처럼 나아지지 않을 때, 오히려 더 큰 고통이찾아올 때, 우리는 생각하게 됩니다. '대체 왜 나에게?'라고 말입니다. 온갖 비리를 저지르고도 잘만 사는 누군가를 기사로 마주할때, 중범죄를 저지르고도 심신미약의 이유로 가벼운 처벌을 받는범죄자를 지켜봐야 할 때, 우리는 '신이 있다면 이럴 수는 없어'라고 탄식하게 됩니다. 그럴 때 오래전 사람들이 천국과 지옥의 실재를 믿었던 것처럼 오늘날의 우리들 역시 천국이 있다면, 지옥이 있다면 하는 가정과 함께 그에 대한 믿음으로 마음의 위로와 위안을받기도 할 겁니다.

만일 죽음 이후의 천국과 지옥이 존재하지 않는다면 인간은불의한 현실 속에서 무력감만 느끼다가 허무하게 죽을지 모른다고느낄 수 있습니다. '비록 지금 현실은 이렇지만 내가 신을 믿고 바

산드로 보티첼리(Sandro Botticelli), 〈지옥의 심연(The Abyss of Hell)〉, 1480년대, 양피지에 채색, 32×47cm, 바티칸 도서관 소장.

르게 살면 천국에 갈 수 있을 것이다' '악하게 사는 사람은 지금은 저렇게 호의호식해도 훗날 하늘의 심판을 받아 지옥에 갈 것이다' 라는 등의 생각은 고단한 삶을 견딜 수 있는 힘이 되지 않았을까요? 현실을 바꿀 수 없는 힘없는 인간에게 천국과 지옥이라는 인과응보의 공간은 곧 위로와 희망의 공간이었을 것입니다.

모든 것은 같아도 한 가지가 다른 천국과 지옥

한편 단테 알리기에리는 《신곡》에서 천국과 지옥의 모습을 아주 생생하게 묘사했습니다. 제가 이탈리아나 유럽의 교회와 미술관에서 본 그림들 가운데에도 천국과 지옥에 대한 묘사가 아주 감각적이면서도 때로 끔찍한 것들이 많았습니다. 그런 작품을 보면서 저는 천국과 지옥의 모습이 반드시 왜 그래야만 할까 하는 의문이 들었습니다.

단테는 히포의 아우구스티누스(354-430)의 영향을 받아 아무런 죄도 짓지 않고 업적도 있지만 그리스도보다 먼저 태어나서 세례를 받지 않은 사람들이 가는 곳 '림보'를 비롯해, 육욕, 폭식, 탐욕, 인색, 낭비, 분노, 이단, 폭력, 사기와 배신으로 죄목을 나누고 각각의 죄를 저지른 사람들이 가는 지옥을 구상하여 상세한 지옥도를 그려냅니다. 천국에 들어가기에 앞서 영혼을 정화하는 장소인 연옥과 천국에 대해서도 지옥과 마찬가지로 층을 나누어 상세히 묘사하고 있습니다. 이것은 작가의 상상력과 스콜라 철학과 신학을 집대성한 결과물이라고 할 수 있습니다.[*]

하지만 제가 생각하는 천국과 연옥, 지옥의 모습은 단테가 생각했던 것처럼 복잡하지도 위협적이지도 않습니다. 천국은 마냥 좋고 지옥이라고 무조건 나쁘지도 않을 것 같습니다. 도리어 외부적인 환경과 조건이 모두 같으리라고 생각해요. 지옥에서도 천국과 같은 음식과 옷이 제공되고, 환경도 서로 크게 다르지 않을 것 같아요. 다만 흔히 전해지는 이야기 중에 천국이나 지옥에서 사용하는 숟가락은 모두 길이가 아주 길어서 밥을 떠먹기가 힘들다는 이야기에 귀 기울여봅니다.

이 이야기에 따르면 지옥에서는 그 긴 숟가락으로 음식을 떠서 자기 입에만 넣으려고 하고, 천국에서는 같은 숟가락으로 자기 앞에 있는 상대에게 음식을 떠 넣어준다고 합니다. 그 결과는 어떨까요? 지옥에서는 그 누구도 아무것도 먹을 수 없고 천국에서는 서로 배불리 먹을 수 있겠지요. 저는 천국과 지옥에 관한 이야기 중 이 이야기가 가장 현실적으로 와닿았습니다. 천국과 지옥을 가르는 단 하나의 차이는 태도의 차이일지 모릅니다.

---

[*] 믿는 인간 깊이 읽기: 14-(1) 단테와 스콜라 철학

히에로니무스 보스(Hieronymus Bosch), 〈림보에 계신 예수(Christ in Limbo)〉, 1575년, 판넬에 유화, 58.1×72.1cm, 인디애나폴리스 미술관 소장.

존재의 태도가 천국과 지옥을 좌우한다

서울 거리를 걷다 보면 간혹 '예수 천국, 불신 지옥'이라는 푯말을 들고 서 있는 사람들을 보게 됩니다. 예수를 믿으면 천국에 가고 믿지 않으면 지옥에 간다는 주장인데요. 수많은 종교가 내세관을 가지고 있지만, 어쩌면 천국과 지옥은 사후에 물리적으로나 시간적으로 옮겨가는 시공간이 아닐 수도 있습니다. 우리는 이미 페스트나 코로나19 바이러스 감염병과 같은 엄청난 고통을 겪으며 인간 스스로 이생의 현실에서 충분히 천국이나 지옥을 만들 수 있음을 경험했습니다. 그리고 이 모든 것이 인간 존재의 태도에서 비롯됩니다.

한때 우리가 스스로 '헬조선'이라고 말했던 배경에는 각자도생의 엄중하고 잔혹한 현실이 깔려 있습니다. 그래서일까요? 새로운 바이러스가 온 세계를 강타했을 때 저는 각 나라가 이 위기를 헤쳐나가는 방식을 차분히 돌아보면서 국가나 사회가 나를 홀로 내버려두지 않고 돌봐주고 보살펴준다는 느낌이 어디에서 비롯되는지, 반대로 어떤 태도가 한 사회를 지옥과 같은 상황으로 만드는지 깨달았습니다.

해외에 살던 교민들이 한국에 들어오고자 했을 때, 새로운 감염원이 생기는 상황을 우려하면서도 국내에 살고 있던 사람들이 고국으로 돌아온 이들을 따뜻한 마음으로 환영했던 모습을 기억합니다. 그런 장면이야말로 긴 숟가락을 들고 내 앞에 앉은 이에게 밥을 떠먹여주는 천국의 모습이 아닐까 생각합니다. 이런 돌봄과 환대가 한 개인, 하나의 공동체, 한 나라 안에서 그치지 않고 더 많은 주변인, 다른 공동체, 다른 나라를 향하는 모습을 목격하면서 저는 우리 안의 천국의 존재를 더 깊이 확인하게 되었습니다. 여기에서 나아가 도움받은 사람이 또 다른 사람을 돕고, 도움받은 공동체와 나라가 또 다른 공동체와 나라를 돕는 상황으로 나아가는 모습을 기대하게 됩니다.

늘 천국보다 지옥이 한 뼘쯤 더 가까운 것처럼 느껴지는 게 우리 삶이지만, 인간이 인간을 돕는 그 순간 천국은 지옥보다 한 걸음 우리 곁에 가까워져 있지 않을까 합니다. 사회적인 어려움이 생기면 더욱 마음과 힘을 모으는 것이 본래 우리의 모습입니다. 이 경이로운 사회 구성원이 모인 곳에서 저는 또다시 질문하게 됩니다.

지금 여기를 천국으로 만들기 위해
내가 할 수 있는 일은 무엇인가?

15

시대를 건너는 길목에서

In itinere transeunte tempus

♦ 고대 로마와 중세 시대는 비록 먼 과거라고 생각할지 모르지만 오늘날 인간 삶의 양식의 바탕이 된 큰 사건들이 많았던 시대였습니다. 종교, 정치, 경제, 생활 면에서 혼돈의 시대이자 지옥의 시간이었을 때도 있었습니다. 그러나 어떤 시대든 장점과 단점이 공존합니다. 어느 시대라고 특별히 거룩하거나 훌륭하지도 않습니다.

기술의 진보는 다른 문제라 하더라도, 사람들의 가치관이나 사고는 지나간 역사나 인류 문명의 자산에 쌓인 데이터를 통해 통찰에 이를 수 있습니다. 게다가 역사는 똑같지는 않아도 조금씩 다르게 되풀이됩니다. 그런 점에서 우리가 과거를 돌아보는 것은 더 나은 방향으로 나아가는 데 참조할 만한 가장 좋은 예가 되어주지요. 그것이 오늘날 역사를 공부하는 이유일 겁니다.

중세에 대한 오해

유럽인이 아메리카 대륙을 발견한 1492년은 중세가 끝난 것으로 보는 해입니다. 흔히 우리는 '중세'라고 하면 '암흑기'라는 말을 연상하지만, 이는 중세의 한 면만 보고 다른 한 면은 보지 못하는 아쉬운 시각입니다. 중세는 한 세기나 두 세기 정도의 기간이 아니라 대략 1천 년이 넘는 기간에 이르는 시대입니다. 그 오랜 세월 가운데에는 어두웠던 시기도 있었고 밝은 시기도 있었어요.

그 시대에 프랑크 왕국은 로망스어를 사용하던 서프랑크 왕국, 독일어를 사용하던 동프랑크 왕국, 롬바르디아-남부 이탈리아어를 사용하던 중프랑크 왕국으로 나뉘었는데, 오늘날 사용하는 주요 유럽어는 바로 우리가 중세의 암흑기라고 말하는 시기에 탄생했습니다. 어두운 시기에도 인간의 역사는 어떤 식으로든 창조와 생산을 이어갑니다.

보통 중세를 암흑기라고 생각하는 이유는 이때에 도시 규모가 축소되었기 때문입니다. 그 원인은 독일계 사학자들은 '게르만 민족의 대이동'이라고 부르고, 이탈리아계 사학자들은 '야만족의 침입'이라고 부르는 사건과 연관이 있습니다. 바로 4세기부터 6세기까지 게르만의 여러 민족이 서유럽으로 이동하여 정착한 일입니다. 이 대규모의 이동은 필연적으로 전쟁을 불러왔고, 흑사병이 창궐하게 된 원인이 됩니다. 흑사병으로 도시에 살고 있던 인구는 극적으로 감소했고, 게르만족은 도시의 재산을 약탈했지요. 여기에 중세 지방주의 제국의 분할로, 왕국들 사이에 벌어진 권력 투쟁은 치열했고, 다른 문화와 다른 종교와의 만남은 끊임없이 전쟁의 소용돌이를 일으켰습니다. 이 때문에 중세 유럽의 도시는 그 규모가 급격히 축소되고 우리가 생각하는 어두운 시기를 맞게 됩니다.

이처럼 중세는 로마인과 게르만 민족의 만남을 통해 탄생합니다. 스페인에서는 비지고트족과 로마인이, 오늘날 프랑스에 해당하는 갈리아에서는 프랑크족과 로마인이, 이탈리아에서는 롬바르디아족과 로마인이 만나게 되었습니다. 이렇게 서로 사랑하지 않는 다른 민족이 뒤섞여 영원히 함께 살게 되었지요. 생김새부터 문화까지 서로 동화될 수 없는 극단의 이질감 속에서도 해당 지역에 살던 로마인이 다른 민족을 받아들이게 된 동기에는, 황제의 약탈적인 조세를 견디기보다 이민족의 통치를 받는 것이 더 낫다고 생각한 이유도 있었습니다.[1]

지옥의 시간 속에서 흔들리는 세상

전쟁, 흑사병과 더불어 중세 사람들을 괴롭혔던 또 다른 한 가지 현실은 바로 기근이었습니다. 라둘푸스 글라베르Radulfus Glaber 는 《역사서Historiarum libri》에서 1000-1030년에 일어난 일을 언급하면서, 홍수 때문에 겪었던 혹독한 빈곤에 대해 다음과 같이 적고 있습니다.

굶주림은 부자도 가난한 자도 모두 지치게 했다. 먹을 수 있는 가축이 더 이상 남지 않게 되자 사람들은 온갖 종류의 썩은 고기와 '말만 들어도 소름 끼치는 것들'을 먹었으며, 어떤 사람들은 인육까지 게걸스럽게 먹는 지경이 되었다.

여행자는 사람들의 공격을 받아 살해되었고, 토막이 나서 구워졌다. 빈곤에서 벗어나기 위해 고향을 떠난 사람들은 밤에 학살되거나 그들을 손님으로 맞아준, 걸신들린 사람들의 먹이가 되었다. 과일이나 달걀로 아이를 유혹해서 도륙한 다음 먹는 사람도 있었고, 많은 곳에서 무덤을 파헤쳐 시체를 먹는 일도 일어났다. 어떤 사람은 구운 인육을 가져와 투르뉘Tournus 시장에서 팔다가 발각되어 화형당했는데, 밤에 그 사람이 매장된 곳으로 구운 인육을 찾으러 왔다가 붙잡혀 화형당한 사람도 있었다.[2]

지옥과 다름없었을 이 광경을 상상할 수 있겠습니까? 사방에 "주여, 우리를 기근과 페스트, 전쟁에서 구하소서A fame, peste et bello, libera nos, Domine"라는 기도가 울려 퍼졌고, 새로운 천년기에 접어들면서 중세 사람들은 그 어느 시대보다 〈요한묵시록(요한계시록)〉을 토대로 하는 '천년 왕국설'에 희망을 걸게 됩니다. '천년 왕국설'은 유대교의 묵시문학*에 바탕을 두는데, 〈요한묵시록〉 20장과 21장에 언급되어 있습니다. 천년 통치와 사탄의 패망, 그리고 마지막 심판, 그 이후에 나타날 새 하늘과 새 땅, 새 예루살렘에 대한 기대는 시대가 불러온 혼돈과 소요 속에서 변화를 갈망하는 중세 사람들의 가슴을 파고들었습니다.

새 하늘과 새 땅. 즉, 완전히 다른 세상에 대한 희망은 사회가 정치·경제·문화적으로 불안정할수록 나타나는 현상입니다. 이는 초기 교회에서부터 중세와 종교개혁 시기를 거쳐 근대와 현대까지도 이어지고 있습니다. 중세에 끊이지 않았던 종말론에 대한 생각은 기근과 감염병, 전쟁이라는 삼중고에서 비롯된 현격한 인구 감소에 대한 불안감의 표출이었습니다. 공존이라는 질서가 무능력한 정치가와 종교 지도자들에 의해 붕괴되고 가속화된 상황에서 나타난 사회적, 종교적 현상이기도 했습니다.

중세의 끝과 현대의 끝

서로마 제국이 폐망한 476년부터 시작된 중세 시대는 유럽인이 아메리카 대륙을 발견한 1492년을 끝으로 1천여 년의 세월을 마감합니다. 그렇다면 우리가 살고 있는 '현대'는 어떨까요? 현대

---

* 하느님이 감추고 드러내지 않은 신비를 계시한 유대의 종교 문학으로, 기원 전후 종교적 박해와 같은 수난 중에 기록되었다. '묵시'는 '계시'와 같은 의미이며, 묵시문학이 담고 있는 신의 비밀의 핵심은 종말에 관한 것이다. 구약성서의 예언서 중 〈다니엘서〉와 신약성서의 〈요한묵시록〉이 대표적이다.

의 시작을 어디로 정하느냐에 따라 사람마다 다양한 관점이 있겠지만 그 끝만큼은 분명할 것 같습니다. 바로 코로나19 바이러스의 출현을 기점으로 인류는 현대를 마감하고, 초현대 시대로 나아가게 될 것이라고 봅니다.

각계각층의 학자들과 전문가들은 코로나19 출현 이후 세계가 어떻게 변화할지 다양한 예측과 분석을 내놓고 있습니다. 아직까지는 이 바이러스가 인류의 삶을 어느 정도, 얼마만큼 변화시킬지 정확히 예상할 수 없습니다. 하지만 분명한 것은 더 나은 곳, 더 나은 삶을 향해 나아가고자 하는 인간의 바람과 노력만큼은 변함이 없으리라는 것입니다.

우리는 우리가 선진국이라고 생각했던 나라들이 이번 팬데믹에 대응하는 모습을 보며, '과연 저 나라가 선진국이 맞나?' 하는 의문을 갖기도 했습니다. 한때 한 사회와 국가의 성장 동력이었던 요소가 코로나19 바이러스 감염증 사태의 해결에는 오히려 걸림돌로 작용했던 모습도 지켜보았습니다. 어제의 장점이 오늘의 단점이 되고, 오늘의 단점이 내일의 장점이 될 수 있는 것은 한 개인에게만 해당하는 말이 아닙니다. 그것은 시대의 역설이기도 합니다.

신앙생활도 마찬가지입니다. 여러 종교 가운데 그리스도교는 주일 미사나 예배에 빠지면 큰 죄를 짓는 것처럼 가르쳐왔던 경향이 있습니다. 하지만 코로나19 바이러스 감염증 사태는 그리스도교인을 비롯한 모든 종교인에게 나날의 삶이 신앙인의 교회이자 종교라는 것을 가르쳐주었습니다. 예전처럼 종교 행사에 참석할 수 없는 상황에서 많은 이들이 자기 신앙을 지켜나가는 방법에 대해 고민하고, 일상에서 전보다 더 내적 평화를 가지고 충만한 신앙생활을 하고 있을지도 모르겠다는 생각을 합니다. 지켜야 할 교리에 매여서 내적으로 자기 자신과 자기의 신앙을 깊이 들여다볼 수 없었던 사람에게는 지금 이 시간이 진정한 신앙에 초대된 시간이 아니었을까요?

이 같은 현실 속에서 우리는 스스로를 살피고, 거기에서 우리의 가능성을 발견하고 곁가지를 뻗어나가야 합니다. 땅에 단단히 뿌리를 잘 내리고 나면 가지가 있는 것은 언제든 성장하기 마련입니다. 뜻하지 않게 초현대 시대를 눈앞에 둔 지금, 개인과 사회 모두 단점이라고 생각했던 장점, 장점이라고 생각했던 단점에 대해 깊이 성찰해야 할 필요가 있습니다.

16

종교의 절대적 자유
vs. 상대적 자유
Libertas religionis: absoluta contra relativam

♦ 코로나19 바이러스 확산으로 인해 사회 활동에 제약이 많아졌습니다. 아이들은 학교에 가지 못하고 어른들은 사적인 모임을 자유롭게 가지기 어려워졌지요. 극장, 공연장에서도 자리 띄어 앉기라는 새로운 규율이 생겼고요. 종교 활동도 마찬가지입니다. 이 부분 역시 사회적 거리 두기 단계에 따라 내용이 조금씩 달라지기는 하지만 예전과 같은 대면 활동은 불가능해졌어요. 예배나 미사와 같은 종교 행사뿐만 아니라 외부에서 이뤄졌던 종교 집회는 예전과 같은 형태나 규모일 수 없게 되었습니다. 하지만 어떤 종교 공동체는 종교 행사나 집회를 예전과 동일한 방식으로 진행하고자 했고, 그 과정에서 코로나19 바이러스가 대규모로 확산되면서 크게 논란이 되기도 했습니다. 지금도 여전히 크고 작은 종교 공동체가 '종교의 자유'를 내세워 종교 행사를 유지하려고 해서 사회적인 비난을 사기도 합니다.

코로나19 바이러스가 우리 사회에 영향을 미치기 이전에도 종교의 자유에 대한 이슈는 늘 있어 왔는데요. 포털에서 '종교의 자유'를 검색해보면 "자기가 원하는 종교를 자기가 원하는 방법으로 신앙할 자유" "신앙 및 그에 따른 일체의 표현의 자유" 등으로 설명되고 있습니다. 이를 근거로 일부 종교 공동체가 타 종교를 비방하거나 타 종교의 건물·재산에 피해를 입히기도 하고, 공적 장소에서의 과도한 포교 활동으로 사람들에게 불편을 끼치거나 눈살을 찌푸리게 만드는 일이 있기도 하지요. 이로 인한 문제가 언론을 통해 전해질 때마다 많은 논란이 뒤따르고는 합니다.

사실 '종교의 자유'라는 주제는 인류 역사 내내 심각한 다툼과 갈등의 원천이었습니다. 이 문제는 헌법의 문제이기도 하지만, 많은 경우 한 나라의 문화, 전통과 관련된 문제이기도 합니다. 법과 종교의 분리, 또는 종교로부터 정치가 독립하는 역사적 여정은 그리스도교로 표방되는 서구 유럽의 세속주의 과정에서도 여실히 드러납니다. 오늘날 우리가 천부적인 권리로 향유하는 세속주의 헌법으로 열매 맺게 된 것이지요. 그래서 이번에는 이 종교의 자유라는 주제에 대해서 조금은 객관적인 시선으로 살펴보고자 합니다.

법과 종교가 분리되는 과정[1]

서양 법제사 안에서 법과 종교가 분리되는 첫 단계는 언제일까요? 학자마자 견해가 다를 수 있지만 일반적으로 로마 제국에서 왕정이 폐지되고 공화정이 수립되는 기원전 510년이라고 봅니다. 이 시기에 정치권력과 종교권력이 분리되어 정치권력에 해당되는 통치권과 군사권은 집정관이 장악하고, 종교권력은 최고 대제사장 Pontifex Maximus에게 귀속됩니다. 이는 동일한 어떤 사건에 대해 귀족과 평민이 다투며 판결을 요구할 때, 수백 년 동안 부유층에 속하는 귀족 출신의 법률가들이 평민에게 공평한 판결을 내리지 않았다는 의식에서 시작된 것입니다. 그것은 아주 긴 제국의 역사에 비해 로마의 법이 늘 단일한 특성을 지닐 수 없기 때문이었는데, 어떤 문제들은 규정이 모호하기도 했고, 어떤 경우에는 법 조항의 출처가 확실한지 의문이 들어 그렇기도 했지요.

그러나 더 중요한 이유는 신분 차이에 따른 판결의 차별 때문이었습니다. 그래서 평민은 귀족 출신인 제사장들을 거치지 않고 자신의 법적 지위를 옹호하며, 제사장이 해석할 수 있는 권한을 법률 문서로 제한하게 됩니다. 그런 맥락에서 만들어진 고대 로마법이 《12표법Duodecim Tabulae》입니다. 《12표법》의 내용은 평민에게 호의적이지는 않았지만 법 자체가 문서 형식으로 고정되어 있다는 사실만으로도 평민의 법적 지위는 향상될 수 있었어요.

두 번째 단계는 종교와 그리스도교적 윤리에 법률적 성격을 부여하려고 시도했던 중세 시대입니다. 6세기에 이르면 도시에서 사법부와 관공서가 사라지는 변화가 생기는데, 정치와 행정 분야의 공백을 교회가 메워주었기 때문입니다. 특히 로마 가톨릭교회의 주교가 있는 주교좌 교회Duomo를 중심으로 중세의 도시들은 붕괴된 제도와 사회적인 변화 속에서 행정의 주요 중심지가 됩니다. 로마 가톨릭교회가 로마 제국의 행정 체계를 따랐던 것처럼, 중세 시대에 영토를 지역으로 구분하는 일은 교회의 교구 구분에 맞춰졌고, 성직자가 공무원의 역할을 수행하기도 했습니다. 따라서 이 시기에 교회 건물을 짓는다는 것은 성전으로서 교회를 건축한다는 의미가 아니라 도시의 중심 공간을 창출하고 도시의 방향을 재정립한다는 의미였습니다. 그런 맥락에서 중세는 교회가 법을 제정하는 시기였다고 할 수 있습니다.

법과 종교가 분리되는 세 번째 단계는 1492년 아메리카 대륙의 발견입니다. 이는 종교와 법의 관계에 새로운 반전이 일어나는 역사적 사건이었지요. 유럽인이 아메리카 대륙을 발견했다는 사실은 단순히 미지의 세계를 찾아낸 것에 그치지 않았습니다. 이 발견은 세계의 중심이 더 이상 신이 아니라 '인간'과 '인간의 이성'이라고 자각하는 계기가 되었습니다. 이러한 자각으로 인문주의 사조와 자연법학이 융성하게 됐고, 이는 법과 종교의 관계를 새롭게 조망하는 자연스러운 계기가 되었는데요. 동시에 세속주의 개념이 태동하는 토대가 되기도 했고요. 나아가 아메리카 대륙의 발견은 유럽인의 식탁에 오를 식재료에 커다란 혁명을 가지고 오게 되는데, 이때 토마토, 감자, 옥수수, 고추 등이 유럽에 들어옵니다.[2] 특

히 감자는 유럽의 고질적인 문제였던 기근을 해소할 수 있는 작물
로서 큰 역할을 하면서 유럽이 부흥할 수 있는 또 다른 토대가 되
었습니다.

종교와 정치가 분리되는 과정[3]

앞에서 "법과 종교의 분리, 또는 종교로부터 정치가 독립하는
역사적 여정은 그리스도교로 표방되는 서구 유럽의 세속주의 과정
에서도 여실히 드러난다"라고 말씀드렸습니다. 그런데 '세속화, 세
속주의'라고 하면 종교가 세상의 질서와 가치 체계에 무분별하게
속화俗化, 즉 세속적인 모습으로 넘어가는 현상으로 이해하는 경향
이 있지만 꼭 그런 것은 아닙니다. '세속주의'는 긴 역사적 투쟁을
거치면서 형성된 개념으로, 유럽의 역사에서 교황이 중심이 된 종
교권력과 황제가 중심이 된 정치권력의 유구한 긴장과 갈등 관계
속에서 생겨난 하나의 흐름이자 사조思潮라고 할 수 있습니다.

'세속주의'는 영어로 '세큘러리즘secularism', 이탈리아어로 '세
콜라리차지오네secolarizzazione'인데, 때로는 같은 현상을 프랑스어
로 '라이시테laicité', 이탈리아어로 '라이치타laicità'라고 부르기도
하지요. 이 차이는 세속주의를 바라보는 주체가 누구냐에 따라 서
로 다른 용어를 사용한 데서 기인합니다. 로마 가톨릭교회는 자신
들이 가지고 있던 권력이 속세의 시민권력으로 넘어가는 현상으

로 보았기 때문에 '세속주의'라고 부른 반면, 일반 민중은 본래 민중에게 속했던 것인데 권력을 교회가 가지고 있다가 민중이 이를 다시 가지고 온 것이라고 생각했기 때문에 '라이치스모laicismo', 즉 '평민주의, 인민주의'라는 용어를 쓴 것입니다.

여기에서 잠시 이탈리아어 'laicità'를 좀 살펴보겠습니다. 이 단어는 '평민에 속한다'라는 뜻의 그리스어 '라이코스λᾱϊκὸς'에서 유래했는데요. 이를 라틴어가 그대로 차용해 '라이쿠스laicus'로 옮겼고, 이것이 훗날 명사화되어 라틴계 유럽어에서 'laicité' 'laicità'라는 명사가 파생하게 됩니다. 그리고 종교가 정치에 관여하지 않는 것처럼 정치 또한 종교에 개입하지 않는 '정교분리政敎分離'라는 개념이 'laicismo'에서 파생됩니다.

세속주의 사상은 시민생활, 사회생활 및 정치의식에 있어서 종교적인 이상과 윤리적인 가치를 부정했는데, 이것은 20세기에 접어들면서 정치와 종교가 서로에게 개입하지 않고 각자의 길을 가는 '정교분리' 개념으로 발전하게 됩니다. 중세와 근대를 거치면서 교회는 교회가 관장했던 교육이나 빈민 구제 같은 방대한 사회 정책을 포함해, 많은 권리를 정치권력에 넘기면서 더 이상 정치에 개입하지 않게 되지요. 여기에서 '교회'란 구체적으로 로마 가톨릭 교회를 가리키지만 이것은 곧 그리스도교 전체로 확대됩니다.

종교 행사 제한에 관한 법적 근거

그럼 이제 종교의 자유란 무엇인지, 그리고 그 법적 허용 범위는 어디까지인지 살펴보겠습니다. 우선 종교의 자유는 역사상 가장 오래된 기본권으로 여기에서 헌법상의 다른 기본권이 파생합니다. 세속주의 헌법을 채택한 우리나라 헌법 제20조도 "모든 국민은 종교의 자유를 가진다. 국교는 인정되지 아니하며 종교와 정치는 분리된다"라고 규정하고 있습니다. 좀 더 깊이 들어가보면, 사실 종교의 자유는 궁극적으로 '**신앙의 자유**'와 '**신앙실현의 자유**', 둘로 나뉩니다. 신앙의 자유는 '절대적인 자유'로서 신앙을 선택하거나 바꾸거나 포기할 수 있는 자유를 말하고, 이에 더해 신앙을 갖지 않을 자유까지 포함합니다. 반면 신앙실현의 자유는 '상대적인 자유'로서 종교 의식, 종교 선전, 종교 교육, 종교 집회 및 결사의 자유를 말합니다. 다만 종교의 상대적인 자유는 다른 사람의 기본권이나 사회 공동체 질서를 해치지 않는, 조화로운 범위 안에서만 인정됩니다. 이에 대해서 헌법은 아래와 같이 명시하고 있습니다.

- 제34조 6항: 국가는 재해를 예방하고 그 위험으로부터 국민을 보호하기 위하여 노력하여야 한다.
- 제37조 2항: 국민의 모든 자유와 권리는 국가안전보장·질서유지 또는 공공복리를 위하여 필요한 경우에 한하여 법률

헤나르트 테르보르흐(Genard Terborch), 〈뮌스터 조약 비준(The Ratification of the Treaty of Münster)〉, 1648년, 동판에 오일, 런던 내셔널 갤러리 소장. 1648년 5월 15일과 10월 24일 신성 로마 제국 베스트팔렌의 두 도시 뮌스터와 오스나브뤼크에서 황제 페르디난트 3세와 프랑스, 스웨덴 대표가 '30년 전쟁(1618-1648)'의 종식을 위한 '베스트팔렌 조약'을 맺었다. (…) 베스트팔렌 조약은 루터파와 칼뱅파 개신교에 가톨릭과 동등한 국제법적 지위를 보장했다. 다시 말해 가톨릭 중심의 중세적 질서를 와해시킴으로써 종교개혁을 완결지었고, 영토의 경계를 전면적으로 재편함으로써 유럽 근대 국가체제의 기틀을 다졌다. (최윤필, '기억할 오늘, 베스트팔렌 조약', 〈한국일보〉, 2017년 10월 24일자 기사 참조)

로써 제한할 수 있다.

즉, 헌법에 따르면 '국민의 모든 자유'는 필요한 경우 제한할
수 있는데 앞서 말한 절대적 권리인 '신앙의 자유'를 제한한다기보
다 '신앙실현의 자유'가 제한될 수 있다고 보는 것이 타당합니다.

일반적으로 국제인권법상 종교적 신념을 표명할 권리는 '세
계인권선언' '시민적·정치적 권리에 관한 국제규약' '인권 및 기
본적 자유의 보호에 관한 유럽협약' 모두 거의 비슷한 문구로 규
정하고 있습니다. 그러나 이런 규정은 종교적 신념을 표명할 권리
와 그 같은 권리가 국가에 따라 어떻게 제한될 수 있는지에 대한
상세한 지침을 제시하지는 않습니다. 다만 이에 대한 세부 지침은
1981년 11월 25일 유엔총회의 '종교차별철폐 선언Declaration on the
Elimination of All Forms of Intolerance and of Discrimination Based on Religion
or Belief '에서 찾을 수 있습니다. 종교차별철폐 선언 제6조는 제1조
의 규정에 따라 종교적 신념을 표명하는 다양한 형태를 주제별로
분석할 수 있는 규정을 제시합니다.*

종교의 자유는 절대적이지만 종교 행사의 자유는 상대적으로
세속적인 기준에 따라 제한받을 수 있는 가능성을 제시한 미국 연

---

* 믿는 인간 깊이 읽기: 16-(1) 종교차별철폐 선언

방대법원의 판례도 있습니다. 이른바 '칸트웰 대 코네티컷Cantwell v. Connecticut(310 U. S. 296)' 판결입니다. 사건의 전말은 이렇습니다. 여호와의증인 신도인 칸트웰Cantwell이 행인이 오가는 거리에서 가톨릭을 부정하는 주장을 담은 녹음테이프를 틀어 치안 방해죄로 기소되어 유죄 판결을 받았고, 그는 이 사건을 연방대법원에 가지고 갔습니다. 칸트웰 대 코네티컷 판결에서 판사는 "수정헌법 제1조, 종교의 자유로운 행사에 대한 조항은 '믿는 자유와 행동의 자유freedom to believe and freedom to act'라는 두 가지 개념을 포함하고 있다. 전자(믿는 자유)는 절대적이지만, 후자(행동의 자유)는 본질적으로 전혀 그렇지 않다. 모름지기 행동은 사회를 보호하기 위해 규제의 대상으로 남는다The first is absolute but, in the nature of things, the second cannot be. Conduct remains subject to regulation for the protection of society"라고 말했습니다.

이것은 즉, 종교 행사의 권리가 절대적이지 않음을 의미합니다. 교회와 국가와의 관계를 다룬 유럽의 헌법학 서적에서도 감염병의 상황에서는 국가권력에 의해 종교 행사를 일시적으로 금지할 수 있다고 규정하고 있습니다. 이 때문에 유럽에서는 감염병이 위중하게 유행하는 상황에서 행정당국이 일시적으로 예배를 금지해도 사람들이 별다른 불만을 갖거나 소동이 우리에 비해 그리 크지 않습니다.

'상대적 자유'인 종교 행사를 일시적으로 불가피하게 제한하는 것은, 본질적이고 절대적 자유인 종교의 자유를 침해한 것이라고 보기는 어렵습니다. 만약 수혈을 받지 못하면 목숨이 위태로운 어린 학생이 있다고 할 때, 부모의 종교적 신념이 수혈에 반대하는 입장일지라도 의료진이 이 미성년자를 죽음에서 구하기 위해 수혈하는 것 역시 종교의 자유를 침해하지 않는 것과 같은 맥락입니다.

종교 자유에 관한 교회의 선언

서양사에서 교회와 국가 사이에 이어진 오랜 갈등은 사실상 교회에 더 큰 피해를 가져왔기 때문에, 로마 가톨릭교회는 1965년 제2차 바티칸 공의회에서 〈종교 자유에 관한 선언〉을 발표합니다.

종교 자유의 원칙이 단지 입으로 선언되거나 법으로 정해지는 것에 그치지 않고 성의 있게 실천에 옮겨질 때, 비로소 교회는 신적 사명을 수행하는 데 필요한 독립을 위한 법률적, 실질적 조건을 안정적으로 얻게 된다. 이런 독립이야말로 교회가 사회에 강력히 요구했던 바이다.

이러한 바티칸의 천명은 여러 국가와 교회에 큰 반향을 일으켰습니다. 이 선언에서 '교회의 독립'이란 국가로부터의 배타적이고 절대적인 독립을 말하는 게 아니라, 단지 비합리적인 규제나 제한으로부터 '상대적 독립'을 하겠다는 의미입니다. 이 말을 뒤집어 보면 공공질서를 위한 합당한 명분이 있는 국가권력의 규제는 따르겠다는 의미가 내포되어 있습니다. 교회법도 국가 법률과 조화를 이루고,[4] 교회도 재산을 취득하고 유지, 관리, 양도할 때는 일반 시민법을 따르겠다[5]는 의미도 담고 있습니다.

우리나라는 종교 선택의 자유가 있는 나라입니다. 국가적으로 하나의 종교를 국교로 삼지 않으며, 누구도 종교 때문에 차별하거나 배척해서는 안 된다는 상식적인 인식이 있습니다. 또한 내가 가진 종교적 신념이 존중받으려면 상대의 종교적 신념도 존중하는 것이 종교인으로서 가져야 할 바람직한 자세라는 것쯤은 누구나 공감할 수 있는 이야기입니다. 신앙인의 본보기, 본받을 만한 태도가 거기에서부터 시작된다고 할 수 있습니다. 공공의 가치를 훼손하지 않고 존중하고 배려하는 것이야말로 이웃을 사랑하는 방법이니까요.

그렇기 때문에 '종교의 자유'라는 이름 아래, 혹은 종교적 가르침을 전한다는 이유로, 자신의 모든 행동이 신에게 기쁨을 주는 종교적 실천이 된다고 생각하는 것은 큰 오류이자 오만입니다. 성경에서 예수가 "내가 바라는 것은 나에게 동물을 잡아 바치는 제사가 아니라 이웃에게 베푸는 자선이다(마태오 12, 7)"라고 말했던 의미를 그리스도교뿐만 아니라 모든 종교 공동체가 모른 척하지 않아야 합니다.

모든 자유에는 책임이 따르는데 '자유'에만 큰 방점을 찍고 행동한다면 사회나 이웃과 불화할 수 있습니다. 우리가 신을 믿고 그 뜻을 따라 살고자 한다면, 나와 내가 속한 종교 공동체의 행동이 이웃에게 고통을 주거나 이웃의 마음을 상하게 하거나 더 나아가 사회적 물의를 일으키고 있지는 않은지 돌아보아야 합니다.

나(우리)는 종교적 가르침을 자기중심적으로
해석하고 있지는 않은가?
지금 하고자 하는 것을 행할 때 나와 내 공동체에는
어떤 이득이 있는가?

17

혼돈 속에서도 나아가는 발걸음

: 종교에서 의학의 홀로서기

Etiam in confusione, gradum unum facere

♦ '천연두'라는 전염병을 알고 계신가요? 마마 또는 두창이라고 불리던 바이러스로 인한 질병인데요. 이집트의 람세스 5세의 미라에서도 그 흔적이 발견되었다고 알려진, 아주 오래된 병입니다. 16세기에 유럽이 남아메리카에 진출하면서 이 전염병이 옮아갔고, 이 때문에 남미 인구의 90퍼센트가 사망했다고 하지요. 실제로 마야 문명이 종말한 데에는 천연두 확산이 큰 원인이었다고도 알려져 있습니다.

19세기에는 제국주의가 확대되며 세계 곳곳에서 콜레라가 크게 번졌고, 20세기 초에는 스페인 독감이 5천 만 명 이상의 목숨을 앗아가기도 했습니다. 앞서 흑사병이 중세 유럽 인구의 3분의 1 가까이를 죽음에 이르게 했으며, 그로 인해 유럽에 신비주의가 퍼졌고, 종교개혁이 일어났다는 말씀을 드리기도 했습니다. 윌리엄 맥닐의 《전염병의 세계사》나 재레드 다이아몬드의 《총, 균, 쇠》뿐만

이 아니더라도 여러 학자들이 병균이 인류 역사에 많은 변화를 일으켜 왔음을 짚어내고 있습니다. 그런데 이 전염병의 확산은 학문적으로도 큰 영향을 미쳤는데요. 그중 하나가 정치, 종교로부터 의학의 독립입니다.

주술과 마술 치료

고대에 의료 행위는 늘 마술과 같은 주술 행위와 함께 공존했습니다. 동서양 모두 사제나 주술사가 의사의 역할을 겸했지요. 인간의 건강과 질병을 포함한 행복과 불행은 초자연적인 것이며, 그와 동시에 신적인 존재에 달려 있다고 보았기 때문입니다. 그래서 이집트의 태양신 라Ra, 세라피스Serapis, 고대 그리스 '의술의 신'인 아스클레피오스Asclēpios처럼 치유를 담당한 신을 찾아가 제사를 올리거나, 주술사에게 신과 화해하는 의례를 부탁했습니다.[1]

고대 로마는 마술을 다른 사람을 해하거나 기만할, 악한 의도를 가지고 행할 경우에만 범죄로 취급했는데요. 이런 마법은 주문, 초자연적인 효과를 위해 밤에 치르는 희생 제사, 마법의 약 등 매우 다양한 도구를 활용했습니다. 이는 취약한 의학적 지식 때문이었는데 대부분 미신과 연관된 것이었습니다. 가령 1세기, 고대 로마의 작가이자 박물학자, 해군·육군 사령관이었던 대ᄎ플리니우스(23-79) 때에는 피임과 낙태를 하고자 한다면 절개된 거미의 머리에서 뽑아낸 액이나 수사슴의 가죽으로 덮인 부적을 처방했어요. 그로부터 5세기가 지난 뒤, 유스티니아누스 황제가 재위했을 때는 왼쪽 발이 묶인 고양이를 임신한 사람의 간 근처에 두거나 암사자의 자궁에 손을 넣는 방식을 낙태 방법으로 권장하기도 했습니다.[2] 뿐만 아니라 로마인의 의약품도 원시적인 전통에 근거한 약초학scientia herbarum과 미신이 혼합된 마법과 같은 것이었고요.[3] 당시 거리에서는 전문가라고 볼 수 없는 향료상, 약제사, 염료상 같은 수많은 상인이 제대로 검증되지 않은 음료나 약물의 혼합물을 사람들에게 팔았는데, 이 약물 중에는 약효가 전혀 없거나 일부는 오히려 독이 되는 경우가 많았지요.

사실 의학이 마술 등의 주술 행위와 엄격하게 구분되기 시작한 것은 인류 역사에서 그리 오래되지 않습니다. 또한 의학이 마술이나 주술뿐만 아니라 종교에 속해 있던 시기도 길었고요. 로마 시대에 환자에게 과학적 치료라고 할 수 있는 의술이 보급된 것은 후기 공화정 시대에 그리스와 중동 지역을 통해서입니다. 이때부터 전문 의료인이 일반 대중에게 의술을 제공했다고 보는데, 4세기에 이르러서야 겨우 공공 의료기관이 설립됩니다. 황제는 로마를 14개 구역으로 나눠 황실 병원의 의료원장을 임명했고, 모든 환자와 가난한 사람들을 무상으로 돌보게 했지요. 이 시기의 수술은 거의 초기 단계였고, 노예와 도둑들에게 새겨진 낙인을 제거하는 시술 등이 이루어졌습니다.[4]

12세기에 이탈리아의 의사였던 마테우스 플라테리우스(Matthaeus Platearius)가 약초에 관한 필사본인 《간단한 의약(Circa Instans)》을 제작한 것으로 알려져 있다. 이 책은 여러 가지 약초의 외형, 조제, 사용법을 기술한 일종의 교과서와 같았다.

초기 의학과 의과대학

오늘날의 위생 개념을 종교적 용어로 표현하면 '정결'이라고 할 수 있습니다. 이는 대다수의 고대 종교에서 공통적으로 발견되는 개념입니다. 그중 유대교는 다른 어떤 종교보다 이 '정결'이라는 개념에 아주 강박적으로 민감한 종교라고 할 수 있어요. 유대교는 특정 동물이나 질병에 대해 정결과 관련하여 언급하는데, 여기에는 위생적·의학적 이유와 함께 종교적 동기가 있습니다. 위생과 의학 개념이 종교와 결합되어 율법이나 예식의 개념으로 정립되면서 그에 반한 행위는 부정한 것으로 금기시하기 시작했습니다.

대표적인 것으로 '코셔Kosher'가 있습니다. '코셔'는 유대교의 식사에 관련된 율법 '카샤룻kashrut'에 근거해 먹기에 합당한 음식으로 결정된 것을 말합니다. 유대인에게 코셔 인증이 되지 않은 음식을 먹는 것은 부정한 행위로 여겨져 금기시됩니다. 이 인증을 받으려면 식자재부터 생산 시설, 조리 과정 등 엄격한 기준을 거쳐야 합니다. 이런 이유로 요즘은 코셔 인증을 받은 것은 '안심하고 먹을 수 있는 음식'이라는 인식이 생겨 유대인이 아닌 사람들도 많이 찾는다고도 합니다.

이런 정결에 대한 개념이 중세에 이르면, 그리스도교의 영향을 받아 사람의 몸은 선과 악, 기적과 질병 간의 싸움이 벌어지는 전쟁터로 묘사됩니다. 간질을 사탄에 의해 몸과 마음이 오염된 병이라고 생각한 것처럼요. 의사들 중에는 로마 가톨릭교회의 수도

사들이 많았는데, 그들은 악마를 쫓아내려면 피를 내거나 곪아서 구역질 나는 냄새를 풍기는 체액을 환자의 몸 밖으로 뽑아내야 한다고 믿었습니다.[5]

이런 이해 속에서 질병은 병든 몸이라는 인식보다는 죄로 인한 것, 그에 따른 죄의식의 발현이라는 생각이 더 크게 자리 잡게 됩니다. 아픈 사람은 성인에게 기도함으로써 신의 은총, 즉 기적이라는 이름으로 치료될 수 있다고 믿었고요. 또한 육체보다는 영혼을 중시하는 경향이 팽배했습니다. 이것은 1215년에 이루어진 제4차 라테란 공의회 문헌 제22장 '병자는 육신보다 영혼을 더욱 보살펴야 한다'라는 기록을 통해 확인할 수 있습니다.

> 영혼은 육신보다 훨씬 더 가치가 있기 때문에, 우리는 의사가 환자에게 육신의 건강을 위해 영혼을 위험에 빠트리도록 권하는 것에 대하여 파문의 처벌을 붙여 이를 금지한다.Ceterum cum anima sit multo pretiosior corpore, sub interminatione anathematis prohibemus, ne quis medicorum pro corporali salute aliquid aegroto suadeat, quod in periculum animae convertatur.[6]

그럼 의학은 언제 어떻게 독립적인 학문으로 나아갈 수 있었을까요?

처음에 의학은 법학과 달리 1088년에 세워진 최초의 대학인

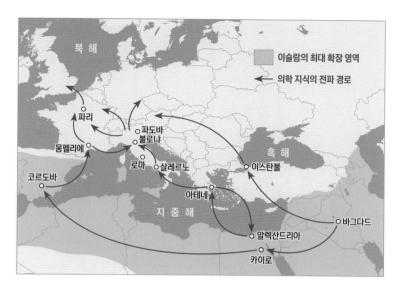

이슬람 의학 지식의 전파

볼로냐 대학에서 철학의 한 측면을 공부하는 것으로 시작했습니다. 임상적 경험에 따른 것이 아니라 아리스토텔레스의 사상과 그의 서적을 주해한 책을 토대로 논리학과 철학을 공부한 겁니다.

아리스토텔레스는 해부학과 병리학적인 지식을 백과사전식으로 구성했는데, 생물학 분야에서는 기원전 47년 소실된 알렉산드리아 도서관의 의학 관련 자료를 수집했습니다.[7] 여기에 12세기 스페인 코르도바 출신의 이슬람 철학자 아베로에스 Averroës(1126-1198)가 주석을 붙였고, 13세기에 들어서 서방의 스콜라 철학자들

이 이것을 라틴어로 번역했지요.[8]

서양 철학사에 등장하는 이 '아베로에스'는 사실 서양 철학자가 아닙니다. 그의 본명은 '아불 왈리드 무함마드 이븐 아흐마드 이븐 루시드رشد ابن احمد ابن محمد الوليد أبو'로, 이 긴 아랍어 이름 가운데 '이븐 루시드Ibn Rushd'만을 따와 서양인이 부를 수 있는 '아베로에스'라는 중세의 라틴어식 이름이 된 겁니다. 그는 아랍 철학의 가장 빛나는 별로 추앙받는 대표적 인물로, 신학과 법학, 의학과 수학, 천문학과 철학 등 여러 분야의 교육을 받았습니다. 그의 생의 목표는 아리스토텔레스의 많은 작품에 주석을 다는 것, 한 명의 철학자로서 아리스토텔레스의 사상을 올바르게 복원하는 것이었습니다.[9]

의학에 대한 인식의 대전환

의학이 완전하게 독립된 학문으로 자리 잡게 된 데에 전환점이 되는 사건이 있었는데요. 그것은 여러 번 말씀드린, 유럽의 대재앙, 흑사병 때문입니다. 1347년부터 1351년 사이 약 3년 동안 2천 5백만 명에 가까운 희생자를 낸 흑사병이 이탈리아에 처음 창궐한 것은 1347년 10월인데 이후로도 아주 빠른 속도로 유럽 전역으로 퍼져나갔지요. 다음의 지도를 보면 당시 상황을 이해하는 데 좀 더 도움이 될 겁니다.

1974년 출간된 《산업혁명 이전의 유럽 경제사Storia economica

흑사병의 확산[10]

dell'Europa pre-industriale》라는 책에서 저자인 카를로 마리아 치폴라 Carlo Maria Cipolla는 다음과 같이 말합니다.

세상의 종말은 기근(기아)에서 오지 않았고 현대에 우리가 페 스트균Pasteurella pestis이라는 명칭으로 부르는 세균으로부 터 왔다.Ma l'Apocalisse non venne con la fame. Venne invece con un microbo chiamato da noi moderni col nome di Pasteurella pestis.[11]

치폴라는 풍부한 노예 노동력이 있었던 고대 그리스 로마는

도시명	인구수	사망자 수	사망률(%)
베르가모	25,000	10,000	40
볼로냐	62,000	15,000	24
브레시아	24,000	11,000	45
코모	12,000	5,000	42
크레모나	37,000	17,000	38
피렌체	32,000	9,000	28
밀라노	130,000	60,000	47
파도바	76,000	19,000	25
파르마	30,000	15,000	50
베로나	54,000	33,000	61
베네치아	140,000	46,000	33
비첸차	32,000	12,000	38

1630-1631년* 흑사병 유행으로 인한 이탈리아 주요 도시의 사망자 수[12]

기술의 발전이 필요 없었지만 중세 유럽은 전염병 탓에 노동력이 부족했고, 이것은 기술이 현격하게 발전하는 계기가 되었다고 말합니다. 거기에는 의술도 마찬가지로 포함됩니다. 1267년 비톤토

---

* 페스트는 최초의 창궐이 있은 후로 세기를 거듭해서 거듭 인류를 괴롭힌 감염병이다. 표에 집계된 전체 인구 및 사망자 수는 1630-1631년 시기에 확인이 가능한 통계자료로부터 추출한 수치이다.

Bitonto의 주교 테오도리코는 의료 기구에 관한 글에서 "매일 의사의 창의성과 재능에 의해 새로운 도구와 방법이 발명된다Quotidie instrumentum novum et modus novus, sollertia et ingenio medici inventir"라고 기술한 바 있습니다.[13]

이러한 현실이 중세 볼로냐 대학에 의과대학이 자리 잡는 계기가 된 것이지요. 1220년에서 1370년 사이에 볼로냐 대학에 의과대학이 생기면서 독립된 학문으로서의 의학을 공부할 수 있는 새로운 전기가 마련됩니다.[14] 이때의 대학은 '우니베르시타스Universitas(전체, 집합체란 뜻으로 대학교를 뜻하는 유니버시티의 어원)'라는 용어보다 '스투디움 제네랄레Studium generale(보편적 교육기관이라는 의미)'라는 단어로 지칭합니다. 그리고 13세기부터 일반 의사와 외과 의사가 구분되기 시작합니다.

의학이 종교로부터 독립되는 과정을 살펴보면서 슬프게도 인간은 참사와 재앙 속에서 비로소 변화를 받아들이는 존재일지도 모른다는 생각을 해봅니다. 또한 그 같은 고통과 혼돈 속에서 앞으로 나아가는 존재이기도 하고요. 인류는 지난 역사에서 각종 전염병으로 수많은 목숨을 잃었지만, 그 속에서도 전염병을 치유하고 예방할 수 있는 방법을 찾아나갔습니다. 다만 인간의 본성은 너무나도 쉽게 현실에 안주하고 변화를 경계하기도 하므로 이렇게 수많은 사람이 희생되는 충격적이고 역사적 사건이 아니면 큰 각성이 일어나기 쉽지 않아 보이기도 합니다.

18

나의 길잡이가 되어주는 별은 무엇인가?

: 로마 시대 의사의 사회적 책무

Quae stella viam meam regit?[*]

---

* 이 글은 〈경향신문〉 '한동일의 라틴어 수업 2020' 3월 13일자 칼럼을 바탕으로 정리
한 것입니다.

♦ 저는 그다지 건강하지 못한 편이라 병원 신세를 많이 지며 살고 있습니다. 선천적으로 심장이 약하기도 했지만, 제 능력에 부치는 힘겨운 공부를 오래 하느라 몸을 제때 돌보지 못해서 긴 시간 꾸준히 건강을 해쳐오기도 했습니다. 로마 유학 시절에는 병원 응급실에 실려 가기도 했고, 절대 휴식이 필요하다는 의사의 진심 어린 충고를 들으면서도 그 말대로 할 수 없었던, 절박하고 간절한 시간을 보냈습니다. 그런 세월 속에서 제게 생긴 이런저런 질병은 이제 잘 달래며 함께 살아가야 하는 오래된 친구 같은 존재가 되어버렸지요.

그 때문인지 저에게 의학이나 의술, 의사라는 직업은 남다른 관심과 존경의 대상이기도 합니다. 질병과 긴박한 사투를 벌이는 현장에서 환자를 돌보는 데 최선을 다하는 의사의 모습은 다른 직업인에게서 느끼기 힘든 어떤 숭고함이 있습니다. 의사라는 직업의 정체성이 생명을 지키는 최전선에 있기 때문일 겁니다.

의사를 의미하는 라틴어 '메디쿠스medicus'는 '고치다, 치료하다, 도와주다'를 의미하는 동사 '메데오르medeor'에서 파생한 명사입니다.[1] 법조인에 대해서도 그렇지만 라틴 경구에는 의사와 관련된 것이 많습니다. 다음의 라틴 경구는 과거에 의사들 스스로가 만든 것이 아니라 제3의 인물들이 의사에 빗대어 말한 것으로 긍정적인 느낌이 아닌 것도 있긴 합니다.

> Medicus curat, natura sanat.
>
> 의사는 돌보아주고, 자연은 치유한다.
>
> Est ejus medici ægrotos sanáre.
>
> 병자를 고치는 것이 의사인 그의 본분이다.
>
> Medici causa morbi inventa, curationem esse inventam putant.
>
> 의사들은 병의 원인이 발견되고서야, 치료법이 발견되었다고 여긴다.
>
> Quǽritur inter médicos, cujus géneris aquæ sint utilíssimæ.
>
> 어떤 종류의 온천이 가장 이로운지에 대해 의사들 사이에서 연구되고 있다.
>
> Neque imitáre malos medicos.

악덕 의사들을 본받지 말라.

Quomodo medici diligunt ægrotos? Numquid ægrotos
diligunt?

의사들이 환자를 얼마나 사랑합니까? 그들은 환자가 아프기
때문에 사랑합니까?

신학자이자 철학자인 아우구스티누스는 많은 그리스도인이
말로는 '성도, 신자, 신도'라고 불리면서 실상 그리스도인답지 못
한 현실을, "의사라고 불리지만 치료할 줄 모르는 의사가 얼마나
많습니까?Quam multi vocantur medici, qui curare non norunt?"라는 비유
를 통해 우회적으로 비판한 적이 있습니다.[2]

우리는 의사라는 직업에 종교인에 버금가는 윤리적, 사회적
책무를 조금 무겁게 지웁니다. 병든 사람을 치료해주고 목숨을 살
리는, 아무나 할 수 없는 전문 직업이기 때문입니다. 그래서 저는
문득 과거에 의사는 어떤 사회적 의무와 책임을 졌을까 궁금해졌
는데요. 여러 자료를 찾아보니, 서구 사회에서도 오래전부터 의사
의 사회적 책무에 대해 생각해온 역사가 깊었습니다. 그 시작은 제
국이 성장하고 번성했던 로마 시대라고 생각할 수도 있지만 그보
다 먼저 고대 이집트로 거슬러 올라가야 합니다.

고대 시대 의사의 사회적 책무

고대 이집트 헬리오폴리스의 대신관으로, 태양신 라를 섬기는 대大제사장 임호테프Imhotep(기원전 2650-2600)는 역사에 등장하는 최초의 건축 공학자이자 내과의로, 환자들을 치료하고 돌보았다고 알려져 있습니다. 역사저술가 함규진 교수는 "기원후 3세기경의 이집트 역사가 마네토에 따르면 임호테프는 신의 경지에 이른 의술로 널리 명성을 얻었고 뛰어난 문필가이기도 했다"라고 이야기합니다. 고대 이집트는 의학의 탄생과 함께 그와 관련된 행동 규정을 최초로 마련하기도 했습니다. 그와 관련된 자료를 찾아보면 의사가 환자를 치료하는 행위는 무상이었고, 각 분야별 전문의도 따로 구성되어 환자의 질병에 맞게 치료했다고 하지요. 특이한 점은 환자의 수술 결과가 좋지 않더라도 수술한 의사가 의사로서 직업 윤리 규정을 준수했다면 처벌받지 않았습니다. 단 환자가 사망할 경우는 처벌을 받았습니다.

의학사에서 의사의 사회적 책무에 관한 언급은 바빌론 문명으로 더 거슬러 올라가는데요. "눈에는 눈, 이에는 이"로 우리에게 유명한 함무라비 법전에는 외과적 수술에 관한 기록뿐만 아니라 의사의 진료와 관련한 특별법이 발견되는데,[3] 그 조문은 다음과 같습니다.

• 제218조: 의사가 사람에게 수술 칼로 중한 상처를 내(즉, 큰

수술을 하여) 사람을 죽게 했거나, 혹은 수술 칼로 사람의 각막을 절개하다 사람의 눈을 못 쓰게 하면, 그의 손을 자른다.

- 제219조: 의사의 수술로 노예가 죽었으면, 그는 같은 값의 노예로 배상한다.

이외에도 바빌론 왕국은 의료비에 대해서도 규정했는데 환자의 법적 신분에 따라 치료비에 차등을 두었습니다. 신분이 높고 가진 것이 많은 자에게는 많이, 신분이 낮고 가진 것이 없는 자에게는 치료비를 적게 받았지요.

- 제215조: 의사가 수술을 해서 성공했을 경우, 그는 환자의 사회적 신분에 따라 고액의 치료비를 요구할 수 있다. 귀족 10세겔, 평민 5세겔, 노예 2세겔.
- 제221조: 의사가 부러진 사지나 아픈 부위를 치료할 경우, 환자는 5세겔을 지급해야 한다.
- 제222조: 환자가 자유인일 경우, 3세겔만 지급하면 된다.
- 제223조: 환자가 노예일 경우, 그 주인이 2세겔을 지급하면 된다.

§215) [cuneiform text]

§215 55) šum-ma asûm(A.ZU) 56) a-wi-lam sí-im-ma-am kab-tam 57) i-na
GÍR.NI(lies GAG).ZABAR (karzil siparrim? oder GÍR.GAG^{zabar} = karzillim?) 58)
i-pu-uš 59) a-wi-lam ub-ta-al-li-iṭ 60) ù lu na-kap-ti a-wi-lim 61) i-na
GÍR.GAG.ZABAR 62) ip-te-ma 63) i-in a-wi-lim 64) ub-ta-al-li-iṭ 65) 10 šiqil
(GÍN) kaspam(KÙ.BABBAR) 66) i-le-qé

§216) [cuneiform text]

§216 67) šum-ma mār(DUMU) muškēnim(MAŠ.EN.GAG) 68) 5 šiqil(GÍN) kaspam
(KÙ.BABBAR) 69) i-le-qé

§217) [cuneiform text]

§217 70) šum-ma warad(ÌR) a-wi-lim 71) be-el wardim(ÌR) a-na asîm(A.ZU)
72) 2 šiqil(GÍN) kaspam(KÙ.BABBAR) 73) i-na-ad-di-in

§218) [cuneiform text]

§218 74) šum-ma asûm(A.ZU) a-wi-lim 75) sí-im-ma-am kab-tam 76) i-na
GÍR.NI(lies GAG).ZABAR (karzil siparrim? oder GÍR.GAG^{zabar} = karzillim?) 77)
i-pu-uš-ma 78) a-wi-lam uš-ta-mi-it 79) ù lu na-Á(lies kap)-ti a-wi-lim 80)
i-na GÍR.NI(lies GAG).ZABAR 81) ip-te-ma i-in a-wi-lim 82) úḫ-tap-pí-id 83)
ritta(KIŠIB.LÁ)-šu i-na-ki-su

§219) [cuneiform text]

§219 84) šum-ma asûm(A.ZU) si-ma-am kab-tam 85) warad(ÌR) muškēnim(MAŠ
.EN.GAG) 86) i-na GÍR.NI(lies GAG).ZABAR (karzil siparrim? oder GÍR.GAG^{zabar}
= karzillim?) 87) i-pu-uš-ma uš-ta-mi-it 88) wardam(ÌR) ki-ma wardim(ÌR)
i-ri-ab

§220) [cuneiform text]

§220 89) šum-ma na-kap-ta-šu 90) i-na GÍR.NI(lies GAG).ZABAR (karzil
siparrim? oder GÍR.GAG^{zabar} = karzillim?) 91) ip-te-ma 92) i-in-šu úḫ-tap-
-<pí->da(lies id) 93) kaspam(KÙ.BABBAR) mi-ši-il 94) šîmî(ŠÁM)-šu i-ša-qal

§221) [cuneiform text]

§221 95) šum-ma asûm(A.ZU) 96) eṣemti(GÍR.PAD.DU) a-wi-lim Kol. XLII
(Rs. XIX) 1) še-bi-ir-tam 2) uš-ta-li-im 3) ù lu še-er-ḫa-nam 4) mar-ṣa-am
5) ub-ta-al-li-iṭ 6) be-el si$_{20}$-im-mi-im 7) a-na asîm(A.ZU) 8) 5 šiqil(GÍN)
kaspam(KÙ.BABBAR) 9) i-na-ad-di-in

§222) [cuneiform text]

§222 10) šum-ma mār(DUMU) muškēnim(MAŠ.EN.GAG) 11) 3 šiqil(GÍN) kaspam
(KÙ.BABBAR) 12) i-na-ad-di-in

§223) [cuneiform text]

§223 13) šum-ma warad(ÌR) a-wi-lim 14) be-el wardim(ÌR) 15) a-na asîm
(A.ZU) 16) 2 šiqil(GÍN) kaspam(KÙ.BABBAR) 17) i-na-ad-di-in

함무라비 법전에 기록된 의료 사고 시 처벌 내용.

로마 시대 의사의 사회적 지위와 특권

의학과 의사, 환자에 대한 고대 로마인의 인식을 살펴보면 놀라운 면이 있습니다. 로마는 일찍부터 의사라는 직업에 공공의 성격을 부여했는데요. 이는 율리우스 카이사르Julius Caesar 때부터 모든 의사에게 로마의 시민권을 주고 대부분의 '공적 부담'을 면제해주면서 환자를 돌보게 한 것을 보면 알 수 있습니다.

앞서 말씀드린 것처럼 4세기에 이르러서는 공공 의료기관이 설립되는데, 황제는 황실 병원의 의료원장을 임명하고 모든 환자와 가난한 사람들을 무상으로 돌보게 했습니다. 요즘 표현대로 말하자면 '취약 계층의 의료 사각지대'를 돌본 것이라고 할 수 있습니다. 아픈 사람이 경제적인 여력이 없어서 의학적 치료를 받을 수 없다면 그것을 국가가 대신 해주어야 한다는 개념이 있었던 겁니다.

의사의 책임에 대한 구체적인 법도 생깁니다. 이는 기원전 286년 '아퀼리우스 법Lex Aquilius'에서 발견되는데, 의사의 서툰 치료나 수술 행위에서 불법 행위가 있다면 책임을 지도록 했습니다. 이 법은 처음에는 미숙한 치료의 희생자가 노예 신분일 때만 적용됐지만, 나중에는 보통의 로마 시민인 '자유인' 신분에까지 적용됩니다. 사회적 신분이 낮은 사람, 경제적 취약 계층이 먼저 법의 혜택을 받게 했다는 사실은 오늘날 공공재로서의 의학, 의료 행위가 나아가야 할 방향이 어때야 하는가를 잘 보여줍니다.

오늘날까지 전해져 내려오는 의사의 윤리에 관한 유산에는 '히포크라테스 선서'가 있지만, 사실 고대 로마 사회에서 의사는 그리 탐탁한 직업으로 여겨지지 않아서 대부분 전문적 의료 행위를 노예에게 맡겼습니다. 대大 플리니우스Plinius의 글에는 이런 기록이 남아 있습니다.

> 의사의 무지에 관한 처벌이나 사형을 다룬 그 어떠한 법률도 없다. 의사들은 우리의 위험과 위급을 통해 배우며, 사람을 죽여가며 경험하며, 오직 그들만이 처벌받지 않고 살해할 수 있다(면허받은 살인자). 나아가 그들은 자신의 온당치 못한 행동에 대한 과실 책임을 회피하면서도 환자들을 받으며, 목숨을 앗아간 사람만 기소된다.Nulla praeterea lex, quae puniat inscitiam capitalem, nullum exemplum vindictae. Discunt periculis nostris et experimenta per mortes agunt, medicoque tantum hominem occidisse inpunitas summa est. Quin immo transit convitium et inteperantia culpatur. Ultroque qui periere arguuntur.[4]

하지만 이러한 시각은 점차 달라지는데, 그리스에서 전문직 종사자가 대거 로마 본토로 이주해왔기 때문입니다. 로마가 그리스와의 전쟁에서 획득한 수많은 전리품 가운데 하나가 바로 전문 분야의 지식인이었습니다. 그들 가운데에는 문법학자grammatici, 수

사학자retori, 철학자filosofi 들이 있었고, 이들은 전쟁 포로나 인질, 노예 신분으로 로마에 도착해 주로 교육 분야에 종사했지요.

로마인은 그리스인을 '그리스 놈들gréculi'이라고 부르며 조롱했지만 동시에 그들을 선생으로 받아들일 수밖에 없었어요.[5] 수많은 뛰어난 그리스인 전문직 종사자들이 로마의 사회와 문화 수준을 크게 끌어올렸기 때문입니다. 과학적 치료라고 할 수 있는 의술이 보급된 것도 후기 공화정 시대에 그리스와 아랍을 통해서였습니다. 그 후에야 전문 의료인이 일반 대중에게 의술을 제공할 수 있었지요.

당시 의사의 급여와 특권, 책임에 대한 내용을 조금 더 살펴볼까 합니다.

▶ 의사의 급여*

사전적으로 '명예'라는 뜻을 가진 '호노르honor'라는 단어가 의사에게 쓰일 때는 '보수로 지급된 사례금honorarium'이라는 의미로 사용되었습니다.[6] 초기 로마 시대의 의사는 자유직ars liberalis으로 인정되어 의료 행위에 대해 보수가 지급되지 않았지만, 의사가 누군가와 고용 계약을 체결해 일했다면 그에 해당하는 보수를 청

---

* 믿는 인간 깊이 읽기: 18-(1) 의사의 급여

구할 수 있었어요.

▶ 의사의 특권[*]

로마 제국에 거주하는 모든 사람은 국가와 자신이 태어난 출생지가 속한 자치 시에 이행해야 할 공적 역무, 책임, 의무나 직무 등의 '공적 부담munera publica'을 질 의무가 있었습니다. 공적 부담에는 금전이나 종류물(공통된 특징을 가진 일정한 종류에 속하면서 특별히 어느 것이라고 지정되지 아니한 물건)로 납부되는 세금도 있었지만, 공공도로, 건물, 수리시설, 강둑 등의 시설을 유지 보수하는 일과 '공공 목적의 일', 가령 곡물 공급을 위한 교통수단 제공 등도 해당됐습니다.

다만 로마 시대에 의사는 이러한 공적 부담을 면제받았습니다.[7] 이를 '면제특권immunitas'이라고 불렀는데, 오늘날 외교관의 '면책권'을 의미하는 단어도 여기에서 나온 겁니다. 면제특권을 가진 직업군은 의사 외에도 교사, 성직자, 퇴역군인, 자치도시 의회의 의원 등 다양했고, 면제의 범위는 직업에 따라 조금씩 달랐습니다.

의사의 특권에 대한 내용은 기원후 74년 〈의사들의 특권에 대한 베스파시아누스 고시Edictum Vespasiani de privilegiis medicorum〉에

---

* 믿는 인간 깊이 읽기: 18-(2) 의사의 특권

서 발견되는데요. 금석학적으로도 가치가 있는 이 고시는 의사에게 일정한 개인적인 특권과 세금의 면제를 부여하고 있고, 이 고시를 위반할 경우 벌금을 내도록 규정했습니다.

▸ 의료 행위에 대한 의사의 책임**

의사의 책임에 대한 구체적인 입법 내용은 아퀼리우스 법에서 발견됩니다. 기원전 286년에 발효된 이 법은 짧은 세 개의 조문으로 나누어 재물의 위법한 파괴나 훼손에 대한 손해배상을 포괄적으로 규정하고 있습니다. 과실 책임의 단계에 대해 숙고하면서, 타인의 재산에 손해를 입혔을 때에 관한 법률입니다.

제1조는 노예와 네 발 달린 가축을 위법하게 살해했을 때 최근 1년간 거래된 노예나 가축의 최고액을 배상하도록 정한 내용입니다. 제2조는 증거 확보를 위해 나선 공동 채권자가 채권의 침해를 규정하면 채무자가 채무액만큼 바로 배상하도록 했습니다. 제3조는 생물이든 무생물이든 타인의 물건을 위법하게 불태워 없애거나 깨뜨리거나 헐어버리거나 찢어 없앴을 때는, 최근 30일간 그 물건이 거래된 최고가액을 배상하도록 정했습니다.

그리고 중세 시대의 의사는 지붕 밑 방(다락방)에 앉아 환자를

** 믿는 인간 깊이 읽기: 18-(3) 의료 행위에 대한 의사의 책임

거의 만지지 않고 멀찍이 떨어져서 진료했다고 합니다. 아울러 상처 부위나 가래톳(넙적다리 윗부분의 림프샘이 부어 생긴 멍울)을 절개하거나 마취하는, 속칭 '더러운 일'은 '돌팔이 의사empirico'인 외과의, 이발사, 사혈하는 사람에게 맡겼지요. 예전에는 이발사가 겸업으로 외과의가 하는 의료 행위를 하기도 했는데, 지금의 시선으로 보면 두 직업 사이의 간극이 너무 커서 믿어지지 않기도 합니다.

그러나 르네상스 시대 이후 종교적 기반의 의료 행위는 점차 사라지고 과학적 의료가 급속도로 발달합니다. 근대에 들어서면서 18세기 무렵부터 의사의 사회적 지위가 향상되기 시작하고요. 이때부터 단순히 돈을 벌기 위한 목적이 아니라 의사라는 직업을 '천직'으로 생각하는 사람이 늘어났고, 숭고한 직업적 윤리와 이상을 가지고 환자를 치료하기 시작했지요. 의사법이 생기는 시기도 이때입니다.

인간으로서 책무를 다하는 별 같은 존재

의학과 의사의 탄생, 발전 과정을 보면서 의사의 사회적 책무는 의사 개개인의 사회적 일탈이나 문제를 규제하기 위해서라기보다 목숨을 앗아가기도 하는 질병이라는 인류가 처한 현실적 문제에서 비롯된 것일지도 모른다는 생각에 이릅니다. 인간사에 독한 질병이 출현하고, 때에 따라서는 의사의 손에서 인간의 삶과 죽

에그베르트 판 헤임스커크(Egbert van Heemskerk), 〈이발-외과 숍에 있는 제이콥 프란즌과 그의 가족(Jacob Franszn and family in his barber-surgeon shop)〉, 캔버스에 오일, 암스테르담 박물관 소장.

음이 갈리는데, 이 과정에서 의사의 책무가 더 분명하게 규정되기 시작했으니까요.

앞서 오늘날 의사는 직업 종교인에 버금가는 윤리적, 사회적 책무를 무겁게 진다고 말씀드렸지요. 그러나 사실 우리 사회에서 그 같은 책무를 지는 직업이 의사나 직업 종교인뿐만은 아닙니다. 법조인, 교육자, 경찰, 소방 공무원 등 대체로 인간의 생명과 공공의 가치를 다루는 직업군은 모두 윤리적, 사회적 책무를 집니다. 현재 그 같은 직업을 가지고 있는 이들 중에는 그 책무를 무겁게 느끼는 이도 있을 것이고, 그렇지 않은 이도 있을 겁니다. 무엇이 꼭 옳다거나 그래야 한다는 이야기를 하고자 함은 아닙니다. 다만 이것 한 가지는 모두 같지 않을까 합니다. 그들이 원하든 원하지 않든 많은 이들이 그들을 바라보고, 그들에게 생명과 삶을 기대고 있다는 사실입니다. 부담스러울 수도 있겠으나 그것이 이들 직업의 특성 중 한 부분이 아닌가 합니다.

한편 위와 같은 이유로 앞서 열거한 직업을 가진 사람들이 무엇을 지향하고, 중요한 가치로 여기느냐 하는 것은 그들 개인의 삶에 영향을 미치는 데 그치지 않습니다. 그들이 추구하는 방향이 우리 삶에도 깊숙이 영향을 미치기 때문입니다.

그래서일까요? 윤리적, 사회적 책무가 요구되는 직업을 가진 이들을 떠올리면 저는 사막의 하루를 생각하게 됩니다. 사막의 하루는 매일 똑같을 것 같지만 하루도 똑같지 않습니다. 사막에 바람이 세차게 불면 어제까지 길이었던 것이 길이 아니게 됩니다. 또 사막은 비가 잦지 않지만 한 번 비가 내리면 토사가 흘러 순식간에 개울이 생기며 길이 바뀌게 되고요. 때로는 사람이 다니는 길이라고 생각해서 따라갔던 길은 양떼가 지나간 길이기도 합니다. 그래서 사막을 걷는 사람은 땅에 난 길을 보고 걷지 않는다고 합니다. 바람이나 비, 동물 때문에 변하는 길이 아니라 변하지 않는 밤하늘의 별자리를 보고 길을 걷습니다.

우리가 어떤 일을 할 때에 바라보는 것. 저는 그것이 아마도 사막에서 바라보는 별과 같지 않을까 합니다. 어떤 별을 바라보는가에 따라서 우리가 가는 걸음의 방향은 달라질 겁니다. 그 별은 사람마다 다를 수 있습니다. 이때 그 길잡이는 늘 부지런히 움직이는 '사람'일 수도 있지 않을까요? 지켜야 할 누군가, 사랑하는 누군가, 존경하는 누군가를 바라보며 우리는 인생의 방향을 찾아가기도 하니까요.

현재의 우리 삶도 가만히 생각하면 그 끝을 알 수 없는 사막 위에 서 있는 것과 같습니다. 이럴수록 사람들이 세워놓은, 시시각각 변하는 이정표만 보고 따라 걷는 건 아닌지 생각해야 합니다. 사막에서 변치 않는 별자리를 보며 걷는 것처럼 우리도 변치 않는 진리, 변치 않는 빛을 보며 걸어가야 합니다. 또한 거기에서 나아가 우리 스스로 별이 될 수도 있습니다. 어떤 별을 따라가기만 하는 것이 아니라 나 자신이 남이 보고 따라올 수 있는 별이 되면 좋

지 않을까요? 많은 부분에서 부족한 저도 그리 되고자 노력할 것을 결심합니다. 밤하늘의 작지만 또렷이 반짝이는 별이 되는 것을요.

여러분은 무엇을 바라보며 걷고 있나요?
거기서 나아가 여러분은 어떤 별이 되시겠습니까?

19

인간은 지상 세계의
나그네일 뿐이다

Homo solum advena in terris est

♦ 2011년에 레바논에 방문했던 경험을 앞에서 잠시 말씀드린 적이 있습니다. 당시 저를 초대해주셨던 한나 알안 주교님을 처음 만난 것은 2003년입니다. 제가 로마에서 유학할 당시 박사 과정과 로타 로마나 1, 2년차 과정 때 머물렀던 마로니타 기숙사에서 그분과 처음 만났는데요. 이 기숙사는 로마의 주요 관광지가 있는 중심지에 위치했는데 기숙사에서 10분 정도만 걸어가면 스페인 광장과 트레비 분수가 나왔습니다. 영화 〈로마의 휴일〉로 기억되는 '베네토 거리Via Veneto'가 있는 곳이기도 하지요.

당시 마로니타 기숙사를 찾아갔던 건 로마로 유학을 왔던 한 후배 사제 덕분이었습니다. 그때 그는 쉽게 방을 구하지 못해 힘들어했고, 저는 이국땅에 와서 머물 곳을 찾지 못하던 후배가 딱해서 제 방을 내줬습니다. 제가 그곳에서 조금 더 오래 살았으니 다시 방을 구하더라도 제가 구하는 편이 더 빠르고 낫겠다 싶었지요. 그런 마음으로 기숙사 명부를 들여다보며 하나하나 전화를 걸어 빈 방이 있는지 확인했지만 연락한 곳들 모두에서 방이 없다는 답을 듣게 되자 그때부터 슬슬 걱정이 되기 시작했습니다.

그런 와중에 마로니타 기숙사에 문의를 했는데 이곳에서는 한 번 와보라는 답을 받았어요. 방의 있고 없음을 전화상으로 알려주는 대신 일단 면접 비슷한 걸 하겠다는 의미로 느껴졌습니다. 이 기숙사는 좀 까다롭구나 하고 생각하기도 했습니다. 그런데 그곳에서 제 영원한 스승이 되실 한나 알안 주교님을 만난 겁니다.

마로니타 기숙사의 원장으로서 알안 주교님을 뵈었을 때 저는 그분이 제게 무엇을 물으실까 살짝 긴장했습니다. 하지만 막상 들어보니 크게 대단한 질문은 아니었습니다. 알안 주교님은 대뜸 제게 왜 방을 구하는지 물으셨습니다. 저는 사실을 있는 그대로 말씀드렸는데 그분은 제 대답에 이상하다는 반응을 보이며 일단 돌아가서 연락을 기다리라고 했습니다.

그리고 며칠 후, 마로니타 기숙사로 들어와도 좋다는 허락의 전화를 받았습니다. 기숙사의 방은 비록 좁았으나 지내기에 크게 불편하지 않았고 오히려 좋았습니다. 나중에 주교님께 왜 처음부터 방이 있다고 말씀하시지 않았는지 여쭤봤더니, 제가 살던 방을 후배에게 선뜻 내준 것이 주교님은 잘 이해가 되지 않았다고 말씀하셨어요. 우리의 정서와 그들의 정서가 다른 모양이구나 하고 생각했습니다.[1]

한나 알안 주교님은 동방 마로니타 교회 부총대주교이자 대법관이며 레바논 사람입니다. 소박하고 검소한 삶이 몸에 배어 계시고, 학문적으로는 제가 감히 올려다볼 엄두도 못 낼 분이지만, 공부하고자 하는 제자에겐 한없이 자애롭고 자상하신 분이었습니다. 그 정도의 신분이라면 충분히 누군가의 보좌를 받아도 이상할 것이 없었는데 알안 주교님은 당신의 고국에 가실 때도 늘 손수 여행 가방 하나만 들고 혼자 기차를 타고 공항으로 가셨습니다.

지금 돌아보면 기숙사 원장을 겸임하면서 기숙사에 들어오고 싶어 하는 학생을 굳이 면담까지 할 필요도 없었을 텐데 그 작은 일도 기꺼이 하셨구나 생각합니다. 필요하다고 생각하면 작은 일이라도 소중히 여기며 남에게 시키지 않고 직접 하시는 그분다운 행동이었다는 걸 뒤늦게야 깨닫습니다. 태도가 몸에 자연스럽게 배려면 먼저 자기 인식을 바꿔야 하는데 여러모로 쉽지 않은 일입니다. '권위를 내려놓는다'라는 말이 수사나 선언에 그치지 않으려면, 몸이 함께 내려와야 하는 것을 느낍니다. 그 순간 역설적으로 '진정한 권위'가 세워집니다.

저는 이분에게서 학문도 인생도 모두 배웠다고 생각합니다. 돌아보면 어떤 것도 강요하지 않으셨지만 삶의 많은 부분에서 알안 주교님의 영향을 받은 저 자신을 깨닫고는 합니다. 알안 주교님은 그런 의미에서 제게 최고의 스승입니다.

이렇게 존경하는 스승의 모국에 초대되어 몇 차례 방문하게 되면서 저는 레바논에 대해 새롭게 알게 되었습니다. 레바논은 우리나라와는 너무 멀리 떨어져 있고, 국가 간에 이슈가 될 만한 직접적인 교역이나 교류가 거의 없는 나라이지만, 어떤 면에서는 서로 닮은 나라입니다. 여러 열강에 둘러싸인 작은 나라, 그래서 바람 잘 날 없는 나라이지만 조상 대대로 굉장히 똑똑한 민족이란 점에서 그렇습니다.

과거의 흔적으로 남은 나라

우리나라에서 유명한 레바논 사람으로는 《예언자》를 쓴 칼릴 지브란Khalil Gibran일 텐데, 지금 저에게 떠오르는 대표적인 레바논 사람은 로마법을 집대성한 학자 중 한 명인 '도미티우스 울피아누스Domitius Ulpianus(170?-228)*입니다. 고대에 법학 대학은 레바논에 있었습니다.

레바논에는 '어머니의 교회'라 불리는 그리스도교 모母교회 다섯 개 중 하나인 '안티오키아Antiochia 교회'가 있습니다. 로마에는 313년에야 비로소 라테란 성당이라는 교회가 처음 생겼지만 레바

---

* 페니키아 출생의 로마 법학자이자 정치가이다. 로마 세베루스 황제 재위 중(202-209년) 법무비서관을 역임했고, 213-217년에는 로마법을 집대성했다. 법문헌에 정통하여 방대한 저서를 남겼으며 후세의 법학에 많은 영향을 끼쳤다.

논에는 서기 1년부터 교회가 퍼져나갔습니다. 이 안티오키아 교회에서 처음으로 예수를 따랐던 사람들을 '그리스도인'이라 부르기 시작했습니다(사도 11, 26). 많은 사람들이 레바논을 이슬람 국가라고 생각하지만 원래는 동방 가톨릭교회가 지배했던 나라로, 후에 이슬람이 들어오면서 그리스도교와 이슬람교가 공존하는 나라가 됐습니다.

레바논은 전 세계 250여 개국 가운데 영토의 크기가 170위를 차지할 정도로 작은 나라입니다. 국토 면적은 경기도 정도 크기에 인구도 600만여 명밖에 되지 않지요. 하지만 학문, 역사, 교회 문화사나 고고학적으로 굉장히 의미가 깊은 나라입니다. 고대 페니키아인이 어느 곳에서부터 이주하여 현재 레바논 지역에 정착해 살기 시작했는지는 확실하지 않지만 대략 기원전 3000년경 이곳에 도착했을 것이라고 추측합니다.

기원전 16세기에는 이집트와 교역이 활발했는데, 이집트는 페니키아 대부분의 지역을 지배했었습니다. 기원전 9세기부터는 아시리아의 지배를 받았고, 기원전 539년부터는 페르시아의 지배를 받았습니다. 기원전 332년, 알렉산더 대왕(기원전 336-323)이 이 지역을 점령한 이후, 기원전 319-198년에는 이집트 프톨레마이오스 왕조(기원전 305-30)의 지배를, 기원전 198-65년에는 시리아 셀레우코스 왕조(기원전 312-64)의 지배를, 기원전 64년에서 서기 640년까지는 로마의 지배를 받았습니다.[2]

'역사의 계곡'에 위치한 '아시리아 왕 에사르하돈 부조(상)'와 '프랑스 나폴레옹 3세의 비석(하)'.

레바논의 수도 베이루트에서 비블로스 방향으로 가다 보면 '나흐 엘 칼브Nahr El Kalb'라는 곳이 있습니다. 이곳은 일명 '역사의 계곡Vallée Historique'이라고 불리는데요. 시대와 세기를 달리하며 이 땅을 지배했던 정복자들이 자신의 업적을 기리기 위해서 자기가 이곳을 지나갔다는 흔적을 남겨 놓은 곳이기 때문이라고 합니다. 실제로 이집트의 파라오 람세스, 아시리아의 왕인 에사르하돈Esarhaddon, 프랑스의 나폴레옹 3세, 그 외에도 그리스와 로마의 많은 정복자가 자신의 흔적을 사암에 부조로 남겨놓았습니다.

직접 그곳을 지나며 살펴보니 어떤 부조는 긴 세월 비바람에 풍화되어 그 흔적을 알아보기 힘든 것도 있었습니다. 그보다 더 안타까웠던 점은 이러한 역사적 기념물이 그냥 방치되어 있었다는 것이었어요. 결코 기쁨과 환희의 역사는 아니지만, 안타까운 역사까지도 보존하고 관리하는 것이 그 국가의 미래를 위한 배움이 되고 새롭게 나아가는 저력이 되는 것이 아닐까 싶었기 때문입니다.

그곳에서 저는 '인간이란 영원이라는 시간 속에서 이 지상의 이방인이 아닐까?' 생각해보았습니다. 실로 수많은 정복자가 이곳을 정복하고 자기 영토라고 주장했지만 그중에서 지금도 그의 땅이거나 그 후손의 땅인 곳은 거의 없습니다.

우리는 지상 세계의 나그네이자 뜨내기일 뿐

인간은 이 세계에서 땅의 주인으로서, 또 집의 주인으로서 행세하지만 오랜 세월 비바람에 부식된 부조를 통해서도 알 수 있듯이 자신이 소유한 그 모든 재화의 '관리자'로 살다가 가는 것뿐일지도 모릅니다. 실상 인간은 이 지상 세계의 '나그네(크세노스 ξένος)'이자 '뜨내기(파로이코스 πάροικος)'에 불과한 것이지요. 영원으로부터 와서 유한한 삶을 살다가, 다시 영원으로 돌아가는 인간은 이런 본질과 현실을 인정하지 못하고 살아가는 것 같습니다.

'역사의 계곡'을 지나며 저는 '이 지상에서 나그네의 삶을 사는 나는 어떻게 살아가야 할까' 숙고했습니다. 그 질문은 레바논을 떠나 한국으로 돌아온 뒤에도 계속 제 마음속에 화두로 남았습니다. 우리는 어떻게 살아가야 할까요? 지금 우리가 행복하기 위해 좇는 많은 일들이 우리를 행복하게 해줄 수 있을까요? 설령 또 행복하지 않은들 어떠한가요.

이런 상념에 빠져 있을 때 문득 잊고 있던 말이 생각났습니다. 역사의 계곡으로 저를 안내해준, 레바논 현지의 지인이 했던 말입니다. "우리는 과거의 문화가 있지만, 현재는 문화가 없다." 마음 아픈 이야기였습니다. 하지만 이것이 꼭 레바논만의 문제일까요? 오늘날 한국에는 우리의 가치를 잘 전달해줄 정신문화가 있을까요? 오늘날 우리 삶의 모습을 후손이 본다면 과연 뭐라고 평가할까요?

우리나라는 오랜 시간 먹고사는 문제에 모든 에너지를 쏟아오면서 겪어야 했던 후유증이 컸습니다. 어린 시절, 당시 대통령이 텔레비전에 나와 모든 국민이 수세식 화장실을 사용하는 나라를, 집집마다 자가용이 있는 나라를 꿈꾼다고 말했던 장면을 기억합니다. 실제로 그 시절은 경제 발전을 위해서 국가가 총력을 기울였고, 나머지 가치들은 대부분 무시되었던 때입니다. 그랬던 까닭에 인권과 평등의 가치, 법의 가치 등 경제와 함께 성장해야 할 다른 부분이 제대로 성장하지 못했어요. 어느 하나만 기형적으로, 불균형하게 급격히 성장해버린 셈입니다. 무엇보다 문제는 단 하나의 목표를 이뤄가는 과정 속에서 대화나 타협의 가능성 자체가 차단되었다는 점입니다. 그로 인해 지금에 와서 우리 사회가 정신적인 가치의 충돌, 윤리적 충돌을 맞고 있는 것이 아닌가 합니다.

오늘날 우리 사회는 먹고사는 문제를 해결하기 바빴던 그 시절에서 크게 벗어나 물질적으로는 훨씬 풍족해졌습니다. 하지만 어딘지 모르게 정신적으로는 훨씬 각박하고 여유가 없어 보입니다. 수많은 사건과 갈등이 만든, 사람과 사람, 집단과 집단 사이를 나누는, 높이를 가늠할 수 없는 장벽을 절감합니다. 서로 다른 생각을 가진 이들의 구호가 귀가 아플 정도로 들려옵니다. 온라인상에서도 각양각색의 이슈를 두고 키보드 배틀이 벌어집니다. 이런 현상들에서 동일하게 발견할 수 있는 것은 '나는 옳고, 너는 틀리다'라는 태도입니다. 과거 '먹고사니즘'을 해결하기 위해 모든 목

소리를 차단해버렸던 그때와 크게 다르지 않은 모습입니다.

모든 것은 억눌려온 만큼 튀어 오르게 마련입니다. 지금 이토록 큰 충돌이 벌어지고 있는 것은 어느 한쪽이 그만큼 오래, 강하게 억눌려왔고 침묵을 강요당해왔기 때문일 겁니다. 하지만 조금 달리 생각해보면 아무 소리가 들리지 않을 때보다 큰 소리가 들릴 때 변화의 씨앗이 탄생하는 게 아닐까 하는 희망도 발견됩니다. 적어도 양쪽 모두 자기 목소리를 내고 있다는 의미일 테니까요. 정반합입니다. 혼란스럽지만 지금의 열띤 다툼은 어쩌면 새로운 문화를 만들어가는 과정일 수도 있습니다.

저의 책《라틴어 수업》에 부정적인 마음, 포기하고 싶은 마음을 미룰 수 있기를 바란다고 쓴 적이 있습니다. 같은 맥락에서 상대의 이야기에 귀 기울일 수 있는 마음을 포기하지 않았으면 합니다. '나는 옳고, 너는 틀리다'라는 확고한 믿음 대신 어쩌면 '그렇지 않을 수도 있다'라고 돌아볼 수 있는, 그 마음을 포기하지 않기를 바랍니다.

그와 같은 마음으로 다시 질문해야 합니다. 우리가 함께 살아가는 데 필요한 최소한의 공통의 가치는 무엇이며, 서로 다른 우리가 어떻게 그 차이를 존중하며 살아갈 수 있을지를요. 이 두 가지 물음에 대한 답을 찾아, 우리 사회의 소중한 문화와 전통을 세우고 오래도록 함께 할 이야기를 만들어가는 일이 절실합니다. 더불어 이 답에 기반해 그 사회만의 흔들리지 않는 교육 철학이 바로 서고 그것이 엄격히 교육되었을 때, 사회를 변화시키는 힘을 가진 시민이 양성되면서 사회 구성원들은 삶에 대한 긍정성을 회복하게 될 것입니다.

나아가 우리 삶에도 역사의 계곡 같은 곳이 있으면 좋겠다고 생각해봅니다. 지상 세계의 나그네이자 뜨내기인 우리는 언젠가 사라질 존재입니다. 그러나 인간의 삶은 계속 이어질 테고, 오늘은 내일의 본보기가 될 것입니다. 혼란이 일단락된 결과물뿐만 아니라 그 과정 모두를 기록으로 남길 수 있기를 바라봅니다. 인류의 모든 순간이 기쁨과 환희의 역사는 아닐 테지만, 남겨 놓은 그 기록들이 분명히 새로운 미래를 위한 좋은 근간이 되고 앞으로 나아갈 수 있는 힘이 될 것이라고 저는 믿습니다.

01. 생각의 어른을 찾다

(1) 유대인과 사마리아인

기원전 722년, 아시리아가 이스라엘을 정복했을 때 이스라엘인이 죽거나 추방당했고, 외국인이 그 지역에 흘러들어와 살았다. 이 외국인이 그 지역에 남은 이스라엘인과 혼인하여 낳은 '혼혈인'이 바로 성경에 언급되는 사마리아인이다. 유대인은 자기들의 성전에서 사마리아인이 함께 예배드리는 것을 용납하지 않았기 때문에 이스라엘 신을 믿는 사마리아인은 따로 신전을 세워 예배를 드렸으나, 유대인이 이를 파괴해버렸다. 그와 같은 적대 관계는 수백년 가까이 이어졌으며 이는 예수의 시대에도 마찬가지였다. 당시 유대인은 '사마리아'라는 말만 들어도 침을 뱉을 정도였다고 한다. 따라서 복음서에 언급되는 것처럼 사마리아인이 다친 유대인을 도왔다는 이야기는 그 당시 상황으로 볼 때 굉장히 충격적인 이야기라 할 수 있다.*

02. 같음을 찾고 차이를 만든다

(1) 동방 교회

역사적으로 1054년 동방 교회와 서방 교회가 서로를 단죄하고 파문하면서 동서양의 교회가 나누어졌다. 이 과정에서 동방 교회는 자신을 '똑바른ortos 생각doksa'이라는 의미에서 '정교회Chiesa ortodossa'라고 부르기 시작했다. 물론 '정통ortodossa'이라는 말은 초기 일곱 차례의 세계 공의회에서 모든 그리스도인에게 유보된 명칭이다. 16세기 중엽에 총대주교좌 소속의 일부 동방 정교회가 동방 가톨릭교회 편입을 결의하면서 로마 가톨릭교회와 온전히 일치하게 된다. 이 과정에서 라틴 교회와 친교를 이룬 교회를 로마 교회와 일치하지 않는 비슷한 정교회와 구분하기 위해 '가톨릭'이라는 용어를 더해 '동방 가톨릭교회'라고 부르기 시작했다.**

10. 황제의 것은 황제에게, 신의 것은 신께 돌려 드려라

(1) 추기경의 지위

추기경의 국제법상 서열 때문에 생긴 일화가 있다. 1972년 이

---

* J. 스티븐 랭, 《바이블 키워드》, 남경태 옮김 (들녘, 2007) 참조.
** 카를로스 코랄 살바도르 외, '동방 교회, 동방 가톨릭교회', 《교회법률 용어사전》, 한동일 옮김, (가톨릭출판사, 2017), 315쪽.

란의 왕은 공들여 준비한 페르시아 국가의 제1000회 건국 기념일 행사 동안 수백 명의 VIP를 이란 사막의 페르세폴리스로 초대했다. 왕족과 국가의 수장은 그 도시의 고대 유물 안에 있는 텐트처럼 생긴 특별한 별장에서 숙박하게 했으며, 그 밖의 다른 이들은 근처 호텔에 묵게 했다. 그런데 행사 주최자인 이란의 왕은 교황 사절로 참석한 '데 푸르스텐부르크de Furstenburg' 추기경의 숙소가 호텔 중 한 곳인데 반해, 그다지 지위가 높지 않은 왕실의 공주가 특별한 텐트 별장에 묵게 될 예정이라는 보고를 받고 의전 담당관에게 역정을 냈다. 본문에서 이야기한 것처럼 추기경은 국제법적, 외교적 지위가 황제와 왕, 왕세자 다음의 서열이었기 때문이다. 결국 공주는 거처를 옮겨야만 했고, 추기경은 교황의 대사로서가 아닌 추기경이 가진 고유 지위에 따라 고위급 왕족과 국가의 수장을 위해 준비된 별장으로 거처를 옮기게 되었다.

(2) 교황 요한 바오로 2세

본문에서 '교황령의 가장 큰 문제는 영적 스승인 교황이 세속 군주임과 동시에 전체 가톨릭교회의 수장인 탓에 야기되는 정치적 약점을 가졌다는 점'이라고 언급했는데, 그런 점에서 교황 요한 바오로 2세는 모범이 되는 인물이었다. 그는 책과 사진, 방송을 통해 대중들에게 가장 친숙하게 알려진 교황이지만, 결코 미사여구로 말을 포장하거나 가벼운 쇼맨십을 보여주지 않았다. 교황 요한 바오로 2세는 복음의 선포자이자 실천자로서 자기 존재의 이유를 드러냄으로써 수많은 사람들을 감동시켰다. 그는 공산주의가 무너지는 데 공헌했고, 자본주의에 휘둘리지 않았으며, 그 어느 때보다도 교회의 가시성을 늘렸고, 교황으로서 생의 가치와 고통의 의미에 대해서 가르쳤다고 평가받는다. 2005년 4월 2일 밤 9시 37분 그가 서거한 직후, 수많은 사람들, 특히 젊은이들이 산 피에트로 대성당으로 모여들어 그의 시신에 경의를 표하고 이별을 고했다.*

11. 신 앞에서 근심하는 존재

(1) 30년 전쟁 Thirty Year's War

독일에서 시작해 1618-1648년에 이르는 30년의 기간 동안 유럽을 휩쓴, 신교와 구교 간에 벌어진 종교 전쟁이다. '보헤미아 프팔츠 전쟁(1618-23)' '덴마크 전쟁(1625-29)' '스웨덴 전쟁(1630-35)' '프랑스·스웨덴 전쟁(1635-48)' 시기로 구분된다. 전반의 두 전쟁은 종교적 색채가 짙고, 후반의 두 전쟁은 정치적 색채가 짙다. 독일 국내의 종교적, 정치적 대립으로 시작된 이 전쟁은 프랑

---

* 비토리오 페리, 〈소개의 글〉, 《교황 요한 바오로 2세 세상을 품은 사람》, 한동일 옮김, (성바오로출판사, 2014) 참조.

스, 스웨덴, 덴마크가 개입하면서 거의 전 유럽 제국이 관여하는 전쟁이 되었다. 이 전쟁으로 네덜란드와 스위스는 독립을 승인받았다. 프랑스는 영토를 더 넓혔으며, 스웨덴은 발트해의 지배권을 장악했고, 오스트리아와 스페인의 세력은 약화되었다. 한편 독일은 30년간 지속된 전쟁으로 극심한 피해를 입었는데, 전장이 된 지역에서는 인구의 30-90퍼센트를 잃었다. 그러나 종교적으로는 베스트팔렌 조약을 통해 독일 제후국 내에서 가톨릭, 루터파, 칼뱅파가 각각 동등한 지위를 확보했다.*

14. 천국과 지옥의 차이는 존재의 태도에서 온다

(1) 단테와 스콜라 철학

단테 알리기에리는 시인이자 《신곡》의 저자일 뿐만 아니라 철학에 대해서도 집필했다. 그는 당대 철학을 따랐으며 특히 스콜라 철학을 잘 알았다. 그는 《신곡》에서 예술에 관해 말하면서 아리스토텔레스의 《자연학Physics》을 언급하기도 했다. 중세 철학의 대표적 인물인 토마스 아퀴나스, 대 알베르투스, 성 빅토르의 리샤르, 성 베르나르 등이 《신곡》에서 천국의 네 번째 영역에 등장한다. 단

---

* 한국사전연구사 편집부, 《종교학대사전》, (한국사전연구사, 1998)/두산백과 참조.

테는 토마스 아퀴나스를 스승으로 여겼으며, 주로 아퀴나스의 신학적·우주론적 견해와 더불어 미학적 견해도 채택했다. 특히 미에 관해서는 토마스 아퀴나스의 가르침을 이어받았는데, 그것은 미가 비례와 명료성에 있다는 것, 미는 선善과 개념적으로 다르다는 것, 눈과 귀로 수용 가능한 미 이외에도 정신적 미가 있다는 것, 그리고 완전한 상태의 미는 오직 신에게서만 찾을 수 있다는 것 등이었다. 이런 개념들은 사실상 모든 스콜라 학자들의 공통된 견해였다.**

16. 종교의 절대적 자유 vs. 상대적 자유

(1) 종교차별철폐 선언

본문에 언급한 내용은 유엔총회 결의안 36/55호(1981. 11. 25)의 〈종교나 신념에 근거한 모든 형태의 불관용과 차별 폐지에 대한 선언〉 중 제1조와 제6조 내용으로 아래와 같다.

제1조

1. 모든 사람은 생각, 양심, 종교의 자유를 가질 권리가 있다.

** W. 타타르키비츠, 《타타르키비츠 미학사 2: 중세미학》, 손효주 옮김, (미술문화. 2006) 참조.

이 권리에는 종교나 그가 선택한 신앙을 가질 수 있는 자유, 개인 또는 타인과 공동체, 공공 혹은 사적으로 예배, 의식, 교육과 실습에 대해 그의 종교나 신념을 드러낼 수 있는 자유가 포함된다. Everyone shall have the right to freedom of thought, conscience and religion. This right shall include freedom to have religion or whatever belief of his choice, and freedom, either individually or in community with others and in public or private, to manifest his religion or belief in worship, observance, practice and teaching.

2. 그 누구도 종교나 자신의 선택에 대한 믿음을 가질 자유를 훼손할 수 있는 강요의 대상이 되어서는 안 된다. No one shall be subject to coercion which would impair his freedom to have a religion or belief of his choice.

3. 자신의 종교나 신념을 드러내는 자유는 법률에 의해 규정될 수 있으며, 이는 공공의 안전과 질서, 건강 또는 도덕, 타인의 기본권과 자유를 보호하기 위해 필요하다. Freedom to manifest one's religion or belief may be subject only to such limitations a are prescribed by law and are necessary to protect public safety, order, health or morals or the fundamental rights and freedoms of others.

제6조

본 선언서 제1조에 따라, 그리고 제1조 제3항에 따라 사고,

양심, 종교 또는 신앙의 자유에 대한 권리는 내부적으로 다음의 자유를 포함한다In accordance with article 1 of the present Declaration, and subject to the provisions of article 1, paragraph 3, the right to freedom of thought, conscience, religion or belief shall include, inter alia, the following freedoms:

(a) 종교 또는 신앙과 연계하여 예배 또는 집회를 하고, 이러한 목적을 위한 장소를 정하고 유지하는 것.To worship or assemble in connection with a religion or belief, and to establish and maintain places for these purposes.

(b) 적절한 자선 또는 인도주의적 기관을 설립하고 유지하는 것.To establish and maintain appropriate charitable or humanitarian institutions.

(c) 종교 및 신앙의 의식이나 관습과 관련하여 필요한 물품과 자료를 적절하게 사용하기 위해 얻는 것.To make, acquire an use to an adequate extent the necessary articles and materials related to the rites or customs of a religion or belief.

(d) 이러한 영역에서 관련 출판물을 작성, 발행 및 배포하는 것.To write, issue and disseminate relevant publications in these areas.

(e) 이러한 목적에 적합한 장소에서 종교나 신앙을 가르치는 것.To teach a religion or belief in places suitable for these purposes.

(f) 개인 및 기관으로부터 자발적인 재정 및 기타 출연금을 요청하고 수령하는 것.To solicit and receive voluntary financial and other contributions from individuals and institutions.

(g) 모든 종교의 요건과 기준에 따라 요구되는 적절한 지도자를 교육, 임명, 선출 또는 세습에 의해 지정하는 것.To train, appoint, elect or designate by succession appropriate leaders called for by the requirements and standards of any religion of belief.

(h) 신앙의 가르침에 따라 휴일과 의식을 거행하고 휴일을 보내는 것.To observe days of rest and to celebrate holidays and ceremonies in accordance with the precepts of one's religion of belief.

(i) 국가 및 국제적 차원에서 개인 및 지역 사회와 신앙의 문제에 대한 커뮤니케이션을 수립하고 유지하는 것.To establish and maintain communications with individuals and communities in matters of religion of belief at the national and international levels.

18. 나의 길잡이가 되어주는 별은 무엇인가?

(1) 의사의 급여

사전적으로 '명예'라는 뜻을 가진 '호노르honor'라는 단어가 의사들에게 쓰일 때는 보수remunerandi gratia로 공여된 사례금 honorarium이라는 의미로 사용되었다(D. 50. 4; C. 10. 41). 로마 시대 초기 의사는 자유직을 수행하는 것으로 인정되어 의료 행위에 대해 보수가 지급되지 않았다. 다만 이들이 고용locatio conductio operarum 계약을 체결하여 노무를 제공하였다면 보수를 청구할 수 있었다. 고대 법에서 전문직에 해당하는 의사, 변호사, 토지측량사, 교사, 건축가 등의 '자유직operae liberales'은 원수정 아래에서 사례금이 특별 심리절차에 의해 확보될 수 있었다. 그러나 원칙적으로 임약의 목적으로 보지 않았기 때문에 그들의 고용은 단순 육체노동을 의미하였다.

　'임약locatio conductio'이란 임대차, 고용, 도급 등의 세 계약을 포괄하는 계약 유형을 말하는데, 계약의 당사자는 대주와 차주이다. '대주locator'란 '임대인, 노무자, 도급인is qui locat'을 말하고, '차주conductor'는 '임차인, 사용자operas, 수급인opus: is qui conducit rem'을 의미한다. 임약은 당사자의 합의consensus로 체결되는 계약으로 신의에 기초하기 때문에 상호 의무를 이행하지 않을 경우, 대주는 '대주소권actio locati, ex locato'을, 차주는 '차주소권actio conducti, ex conducto'을 사용하였다. 두 소권 모두 성의소권인데 타인의 물건이나 노무에 대한 차임merces은 원칙상 금전으로 지급했다. 하지만 전문직의 노무는 임약의 대상으로 여기지 않았기 때문에 전문직에 해당하는 의사, 변호사, 토지측량사, 교사, 건축가 등의 '자유직'은 '통상 고용되는 노무operae quae locari solent'로 취급받아 단순 수공업자의 노무와 의미가 같았다. 이 경우 노무자는 당사자의 합의로 노무를 이행해야만 했고, 비록 용역의 이행이 그에게 책임을 돌릴 수 없는 불가항력의 사유로 이루어지지 못했을 경우라도 그 임금은 지급되어야 했다.*

(2) 의사의 특권

로마 제국에 거주하는 모든 개인은 국가 또는 자신이 태어난 출생지 주소domicilium/incola/origo의 자치시municipium를 위해 이행하여야 할 공적 역무, 책임, 의무나 직무 등의 '공적 부담'을 져야 했다. 이러한 공적 부담에는 금전이나 종류물로 납부되는 세금도 포함되었다. 아울러 공공도로, 건물, 수리시설, 강둑 등의 유지 보수, 공공 목적의 일, 가령 곡물 공급을 위한 교통수단의 제공도 공적 부담에 해당했다. 제국 초기에는 공적 부담에 대한 개념이 명확히 체계화되지 않았지만 시간이 흐르면서, 사람의 업무를 통해 수행되는 후견, 보좌 등의 '인적 부담munera personalia'과 재산에 부과되고 공공시설 등에 대한 비용의 부담을 금전 지급을 통하여 수행하는 '재산적 부담munera patrimonii'으로 구별했다. 어떤 경우에는 인적 부담의 성격과 재산적 부담의 성격이 혼합되는 '혼합 부담munera mixta'도 있었다. 그러나 70세를 넘었거나 25세 미만인 사람,

---

* Cf. F. del Giudice, 'Locatio-conductio', in "Dizionario Giuridico Romano", Edizione Simone 2010, pp. 322-323.

여자, 다자녀를 가진 아버지(이탈리아에서는 4명, 속주에서는 5명), 개인적 사유(허약, 빈곤)로 지속적인 부담 수행이 불가능한 자는 인적 부담에서 면제되었다. 하지만 재산적 부담의 면제는 좀처럼 인정되지 않았는데(D. 50. 4; C. 10. 41-56; 10. 64)** 로마 시대 의사는 이러한 공적 부담에서 면제받았다(C. 10. 53). 이를 '면제특권'이라고 불렀다.

오늘날 외교관의 면책권을 의미하는 단어도 여기에서 나왔다. 면제특권이란 세금 또는 공적부담의 면제를 말한다. 이 특권은 개인, 집단 또는 이탈리아나 속주의 공동체에 부여되었다. 면제특권의 범위는 부담의 종류나 면제자의 직업, 즉 의사, 교사, 성직자, 퇴역군인, 자치도시 의회의 의원이라는 직업군에 따라 다양했다. 흥미로운 사실은 3세기 중엽의 칙법은 교사나 의사와는 달리 "시인에게는 공적 부담에 대한 면제특권이 부여되지 않는다Poetae nulla immunitatis praerogativa iuvantur"라고 규정했다(C. 10. 53. 3)는 점이다. 이러한 결정의 배경에는 의사나 교사라는 직업군에는 공공의 성격을 부여하고, 시인에게는 이러한 성격이 결여되어 있다고 판단해서 이와 같은 칙법이 제정되었으리라고 추정해본다.

의사들의 특권에 대한 증거는 기원후 74년 〈의사들의 특권에

** Cf. F. del Giudice, 'Munera publica', in "Dizionario Giuridico Romano", op. cit., p. 349.

대한 베스파시아누스 고시〉에서 발견된다. 금석학적으로도 가치가 있는 이 고시는 의사들에게 일정한 개인적인 특권과 세금의 면제를 부여했고, 이 고시를 위반할 경우 벌금을 규정했다. 아울러 이 고시의 수혜자 가운데에는 교사도 포함되었다. 반면 의사의 일정한 지위 남용avaritia(탐욕이나 인색함)에 대해서는 도미티아누스 Domitianus(기원후 93-94년)의 칙서에 나타나는데, 여기에는 의사뿐 아니라 '선생들praeceptores'도 포함하고 있다. 이러한 면제 또는 면책특권은 원로원 의결, 제국에서는 황제의 칙법edictum이나 개별적 특권부여 조치 등으로 인정되었다. 아울러 면제특권은 지방자치체에서 자치권의 토대로 간주하여 특히 중요한 것으로 여겼다(D. 50. 6; C. 10. 25).

(3) 의료 행위에 대한 의사의 책임

로마의 백과사전 편집자이자 외과의로 추정되는 아울루스 코르넬리우스 켈수스Aulus Cornelius Celsus(기원전 30?-기원후 45?)의 저서 《의학론De Medicina》은 의학에서 중요한 서적이다. 이 책은 최초로 출판된 의학서로 식이요법, 약학, 외과와 그와 관련된 재료에 대해 다루는 주요한 사료이다. 켈수스는 자신의 책 서문에서 인간과 동물의 의약 실험에 관한 찬반논쟁에 대해 다루며, 종기calor, 통증dolor, 부종tumor, 홍조나 충혈rubor 등 염증의 주요 징후에 대해서도 언급한다. 저자는 오피오이드Opioid(아편과 비슷한 작용을 하는 합성 진통·마취제)를 포함하여 수많은 고대 약제 지식에 대해 상세히 써내려가면서, 1세기 로마 의학의 많은 외과적 방법에 대해서도 묘사한다. 로마인들은 여기에서 한 걸음 더 나아가 우리에게 의사의 수술이 좋지 못한 결과를 냈을 경우, 그 책임을 어떻게 물었는지에 대한 많은 증거들도 남겨놓았다. 코르넬리우스 법Lex Cornelia은 정무관, 법무관, 호민관 등의 전문직 수행과 관련된 일련의 범죄들, 즉 부정선거와 대역죄, 독직에 관한 법, 준법의무 면제와 관련된 법, 사치와 관련된 법, '운동경기 도박자에 관한 코르넬리우스 법'* 등을 열거하면서 그와 연관된 형벌에 대해서도 언급한다.**

그러나 여기에서는 의사의 책임에 대한 구체적인 자료를 찾을 수 없다. 의사의 책임에 대한 구체적인 입법은 아퀼리우스 법에서 발견된다. 기원전 286년 평의회 의결로 발효된 아퀼리우스 법은 짧은 세 개의 조문으로 나누어 재물의 위법한 파괴나 훼손에 대한 손해배상을 포괄적으로 규율했다. 이 법은《12표법》에서 취급한 사안들을 포함하여 가해 사안을 규정한 이전 입법들을 폐기하고, 손해에 대한 경제적 배상 규율을 제정했다. 즉, 과실 책임의 단

---

* 기원전 81년에 제정된 법으로 운동경기에 대한 도박에 대해서는 유효한 것으로 규정하였으나, 도박 채무를 위한 문답 계약은 무효한 것으로 규정한 법을 말한다.

** Cf. A. Bastianello, op. cit., p.6.

계에 대해 숙고하면서, 타인의 재산에 가해진 손해에 관해 다룬 법률이다.

우선 제1조는 노예와 네 발 달린 가축을 위법하게 살해했을 때 최근 1년간 거래된 노예나 가축의 최고액을 배상하도록 정했다. 제2조는 증거 확보를 위해 나선 공동 채권자가 채권의 침해를 규정하면 채무자가 채무액만큼 바로 배상하도록 했다. 제3조는 생물이든 무생물이든 유체물을 위법하게 불태워 없애거나 깨뜨리거나 헐어버리거나 찢어 없앴을 때는, 최근 30일간 그 물건이 거래된 최고가액을 배상하도록 정했다.

로마법에서 손해를 의미하는 '담눔damnum'이라는 단어에는 여러 의미가 있다. 먼저 가해에 대한 속죄금을 말하는데, "절도에 대한 속죄금을 지불하고 화해하다"라는 관용어가 있을 정도이다. 또 하나는 손해 자체를 의미했다. 일반적인 손해와 불이익 또는 계약 위반이나 불법행위 때문에 생긴 재산상 손해 및 손실, 재산 침해까지를 모두 포괄하는 말이었다. '담눔'은 좁은 의미에서는 기존의 재산 손실에 한정되나, 넓은 의미로는 해당 사건이 벌어지지 않았더라면 피해자가 벌어들였을 것이라고 기대하는 수입인 '일실이익'까지도 포함했다.*

---

* 한동일,《로마법 수업》, (문학동네, 2019), 192쪽 참조.

그렇다면 이러한 불법 행위에 대한 형벌은 무엇일까? "형벌은 가해에 대한 벌(보복)이다Poena est noxae vindicta."(ULP. l. 131 pr. D. de V. S. 50. 16.) 여기에서 '가해'라는 의미의 라틴어 '녹사noxa'는 '델릭툼delictum', 즉 '불법행위'와 동의어이고, 형벌을 의미하는 '포에나poena'는 이러한 가해 행위에 대한 '벌'이다. 즉 "가해라는 명칭에는 모든 불법 행위가 포함된다Noxae appellatione omne delictum continetur."(GAIUS, l. 238 § 3 D. de V. S. 50. 16.) 여기에서 '녹사'는 '피해를 당한 몸'과 배상 자체를 가리키기도 했다(I. 4. 8. 1.). 다만 이 용어는 노예 또는 아들의 범죄에 대한 주인 또는 아버지의 책임이라는 제한된 범위에서 사용되었다. 이때의 책임은 선택적으로 손해배상을 하든지 피해자에게 가해한 아들이나 노예를 넘기는 방식으로 이해했다.

이러한 맥락에서 의사들의 미숙한imperitus 치료나 수술에 대해서는 사용자 소권에 따른 계약 책임이나 이 아퀼리우스 법 소권에 따라 불법행위에 대한 책임을 지게 했다. 후자인 아퀼리우스 법 소권은 원래 미숙한 치료의 희생자가 노예인 경우에만 적용되었으나 이후에는 자유인에게도 적용되었다.

이야기를 시작하며

1 Cf. Robert Beekes, *Etymological Dictionary of Greek Vol.2*, Brill 2009, p.1055

01. 생각의 어른을 찾다

1 아우구스티누스, 아우렐리우스, 《신국론(교부문헌 총서 17)》, 성염 옮김, (분도출판사, 2004), 2818쪽

06. 함께 견디는 아픔, 함께 나누는 고통

1 한동일, 《로마법 수업》, (문학동네, 2019), 21쪽 참조
2 암스트롱, 카렌, 《신의 역사 II》, 배국원·유지황 옮김, (동연, 2014), 429쪽 참조
3 〈친구들에게 보내는 편지(Epistolae familiares)〉, Lib. X. IV

07. 신이 우리를 필요로 하는 것이 아니라 우리가 신을 필요로 한다

1 〈한국인의 종교 1984-2021〉, 한국갤럽조사연구소, 2021
2 C. Muraresku, Brian, *The Immortality Key: The Secret History of the Religion with No Name*, St. Martin's Press, 2020, p. 8

08. 페니키아인의 협상법

1 한국가톨릭대사전 편찬위원회, 〈페니키아〉, 《한국가톨릭대사전 11권》, (한국교회사

연구소, 2006), 8869쪽 참조

2 Chamoun-Nicolás, Habib, Hazlett, Randy Doyle, *Negotiate Like a PHOENICIAN*, (Keynegotiations, 2007)

09. 수도복이 수도승을 만들지 않는다

1 유흥태,《페르시아의 종교 – 살림지식총서 383》, (살림출판사, 2010), 71-72쪽 참조
2 와서만, 제임스,《성전기사단과 아사신단》, 서미석 옮김, (정신세계사, 2006), 35-36쪽 참조
3 Cf. Tosco, Carlo, *L'architettura medivale in Italia 600-1200*, (il Mulino, 2016), pp. 149-153
4 Gimpel, Jean, Les bâtisseurs des cathédrales, 1980; A cura di Eco, Umberto, Cavina, Anna Ottani, "Introduzione", *Il Medioevo: Castelli, Mercanti, Poeti*, (Encyclo Media, 2011), p. 601
5 http://newslabit.hankyung.com/article/202007099677G
6 에코, 움베르토 기획, 〈거인의 어깨 위에 선 난쟁이〉, 〈아포리즘의 역사〉,《중세 II: 1000~1200 – 성당, 기사, 도시의 시대》, 윤종태 옮김, 차용구 · 박승찬 감수, (시공사 2015), 325-326쪽
7 Syrus, Publilius Syrus, Sententiae, 7, 39

10. 황제의 것은 황제에게, 신의 것은 신께 돌려드려라

1 사도좌 관보, 21 〔1929〕, 307
2 교회법, 제335조

11. 신 앞에서 근심하는 존재

1 움베르토 에코 기획, 안드레아 초르치, '자치 도시국가의 탄생과 확장',《중세 II》, 시공사 2018, p.39
2 이종찬, 〈부르노에 관한 단상〉,《법조》53권 9호, (법조협회, 2004), 267-268쪽 참조
3 몽테뉴, 미셸,《몽테뉴 수상록》, 민희식 옮김, (육문사, 2013), 101쪽 인용
4 키케로,《선과 악의 목적(De finibus bonorum et malorum)》. liber secundus, 71

12. "사탄의 악과 간계에서 저희를 보호하소서"

1 《현행 구마예식에 따른 구마 직무를 위한 지침(Linee Guida per il Ministero dell'Esorcismo alla Luce del Rituale Vigente)》, 97항 f

2 한국가톨릭대사전 편찬위원회, 〈사탄〉,《한국가톨릭대사전 6》,(한국교회사연구소, 2006), 4039쪽 참조

3 〈다니 8, 16; 9, 21〉, 〈루카 1, 26〉

4 〈다니 10, 13. 21; 12, 1〉, 〈묵시 12, 7〉

5 〈토비 12, 15〉

6 한국가톨릭대사전 편찬위원회, 〈천사〉,《한국가톨릭대사전 10》, (한국교회사연구소, 2006), 8103-8107쪽 참조

7 《현행 구마예식에 따른 구마 직무를 위한 지침》, 머리말 3

8 《현행 구마예식에 따른 구마 직무를 위한 지침》, X. 178 참조

9 《현행 구마예식에 따른 구마 직무를 위한 지침》, X. 180 참조

10 à Kempis, Thomas,《De Imitatione Christi》I, 6

15. 시대를 건너는 길목에서

1 Cf. Barbero, Alssandro, Frugoni, Chiara, *Medioevo: Storia di voci, racconto di immagini*, (Economia Laterza 2015), pp. 6-7

2 에코, 움베르토 기획,《중세 I: 476~1000 – 야만인, 그리스도교, 이슬람교도의 시대》, 김효종·최병진 옮김, 차용구·박승찬 감수, (시공사, 2015), 15-16쪽 인용

16. 종교의 절대적 자유 vs. 상대적 자유

1 한동일,《법으로 읽는 유럽사》, (글항아리, 2018), 46-51쪽

2 Cf. *Montanari, Gusti del Medievo*, (CLE 2012), p.5

3 한동일,《법으로 읽는 유럽사》, (글항아리, 2018), 51-56쪽

4 교회법 제1284조, 제2항 제2호, 제3호

5 교회법 제1268조, 제1290조

6

17. 혼돈 속에서도 나아가는 발걸음: 종교에서 의학의 홀로서기

1 한국가톨릭대사전 편찬위원회, 〈치유〉,《한국가톨릭대사전 11》, (한국교회사연구소, 2006), 8334쪽 참조

2 한동일,《로마법 수업》, (문학동네, 2019), 177쪽 참조

3 한동일,《라틴어 수업》, (흐름출판, 2017), 255쪽 참조

4 한동일,《라틴어 수업》, (흐름출판, 2017) 참조

5 아리에스, 필립·뒤비, 조르주,《사생활의 역사 1; 로마 제국부터 천 년까지》, 주명철·전수연 옮김, (새물결, 2002), 638-639쪽 참조

6 덴칭거, 하인리히,《신경, 신앙과 도덕에 관한 규정·선언 편람》, 덴칭거 책임번역위원회 번역, (한국천주교주교회의, 2017), 309쪽 인용

7 Cf. Cosmacini, Giorgio, *L'arte lunga. Storia della medicina dall'antichità a oggi*, (Editori Laterza, 2019), p. 76

8 Cf. Cilberto, Michele, *Giordano Bruno*, Editori Laterza, 2017, p. 277

9 코르방, 헨리,《이슬람 철학사》, 김정위 옮김, (서광사, 1997), 322-327쪽 참조

10 Cortonesi, Alfio, *Il medioevo -Profilo di un millennio*, Carocci editore, 2018, p. 252

11 Maria Cipolla, Carlo, *Storia economica dell'Europa pre-industriale*, Il Mulino, 1974, p. 190

12 위의 책, p. 191

13 위의 책, pp. 207-209

18. 나의 길잡이가 되어주는 별은 무엇인가?: 로마 시대 의사의 사회적 책무

1 Cf. De Vaan, Michel, *Etymological Dictionary of Latin and the other Italic Languages*, Brill, 2016, pp. 367-368

2 아우구스티누스, 아우렐리우스, 〈넷째 강해 4〉,《요한 서간 강해》, 최익철 옮김, (분도출판사, 2011)

3 Cf. Bastianello, Alvise, *La responsabilità penale dei professionisti*, CEDAM 2012, p. 7

4 Plinius Secundus, *Naturalis Historia*, XXIX, 18

5 몬타넬리, 인드로, 《로마 제국사》, 김정하 옮김, (까치, 2001), 142쪽, 168쪽 참조

6 《Digesta seu Pandectae》, 50. 4; 《Codex》, 10. 41

7 《Codex》, 10. 53

19. 인간은 지상 세계의 나그네일 뿐이다

1 한동일, 《그래도 꿈꿀 권리》, (비채, 2014), 348-342쪽 재정리하여 인용

2 한국가톨릭대사전 편찬위원회, 〈페니키아〉, 《한국가톨릭대사전 11권》, (한국교회사연구소, 2006), 8869-8870쪽 참조